Algunos autores escriben acerca del "secreto más reciente" para disfrutar de un amor eterno, pero en este libro Kim nos comenta como usted puede implementar de forma práctica secretos que han resistido la prueba del tiempo. Leer este libro es como sentarse con un amigo confiable o tu propio consejero matrimonial y beneficiarse de sus años de experiencia. Su relación será mucho mejor después de hacerlo.

—RON L. DEAL
Autor exitoso de *Tus hijos, los míos y nosotros* y *Dating and the Single Parent* [Las citas y los padres solteros]

En un mundo donde muchos matrimonios luchan, el libro del Dr. Kim es un catalizador para el cambio. Mientras usted descubre estos siete secretos y los aplica a su matrimonio, abre una puerta a fin de recibir bendiciones matrimoniales de parte de Dios que nunca imaginó posibles.

—HERBER COOPER
Pastor principal de People's Church en Oklahoma
Autor de *But God Changes Everything*
[Pero Dios lo cambia todo]

Cuando me enteré de que el Dr. Kimberling estaba publicando este libro, comencé a orar que el mismo pudiera llegar a las manos de miles de personas, simplemente porque no conozco a nadie que pueda hablar con mayor sabiduría sobre el ámbito de las relaciones que Kim. Él posee años de sabiduría y experiencia que pueden ayudar a las personas que están casadas, comprometidas, saliendo en pareja o esperanzadas. ¡Qué regalo representa este libro para la iglesia y el mundo!

—DR. CLAYTON KING
Presidente de Crossroads Summer Camps y
Crossroads Missions Pastor de enseñanza de
la Iglesia NewSpring en Carolina del Sur
Profesor distinguido de evangelismo,
Universidad Anderson

Conozco a Kim y Nancy desde hace más de diez años y he visto los siete secretos en acción de primera mano. Ellos disfrutan de un matrimonio extraordinario. Usted puede también tener un matrimonio increíble, pero esto requiere un poco de esfuerzo y conocer unos pocos secretos contenidos en la Palabra de Dios que el Dr. Kimberling saca a la luz en este recurso nuevo y asombroso para las parejas.

—RODNEY COX
Fundador y presidente de Ministry Insights

Secretos
para un
matrimonio
increíble

Kim Kimberling

CASA
CREACIÓN

La mayoría de los productos de Casa Creación están disponibles a un precio con descuento en cantidades de mayoreo para promociones de ventas, ofertas especiales, levantar fondos y atender necesidades educativas. Para más información, escriba a Casa Creación, 600 Rinehart Road, Lake Mary, Florida, 32746; o llame al teléfono (407) 333-7117 en Estados Unidos.

7 secretos para un matrimonio increíble
por Kim Kimberling
Publicado por Casa Creación
Una compañía de Charisma Media
600 Rinehart Road, Lake Mary, Florida 32746
www.casacreacion.com

A menos que se indique lo contrario, el texto bíblico ha sido tomado de la Santa Biblia, Nueva Traducción Viviente, © Tyndale House Foundation, 2010. Usado con permiso de Tyndale House Publishers, Inc., 351 Executive Dr., Carol Stream, IL 60188, Estados Unidos de América. Todos los derechos reservados.

Traducido por: Madeline Díaz
Diseño de portada por: Lisa Rae McClure y Vincent Pirozzi
Director de diseño: Justin Evans

Visite la página web del autor: www.awesomemarriage.com

Published by arrangement with The Zondervan Corporation
L.L.C, a division of HarperCollins Christian Publishing, Inc.

Library of Congress Control Number: 2016957683
ISBN: 978-1-62999-032-3
E-book: 978-1-62999-048-4

Impreso en los Estados Unidos de América
17 18 19 20 21 * 6 5 4 3 2 1

Este libro está dedicado a mi mamá y mi papá.
Durante cincuenta y siete años ellos fueron un ejemplo
vivo de lo que es un matrimonio increíble.

CONTENIDO

PRÓLOGO

Si alguien le dijera que usted tiene cincuenta por ciento de probabilidades de perder todo su dinero al final del mes, estamos seguros de que captaría su atención por completo. Usted formularía preguntas, profundizaría en el asunto y haría todo lo posible para asegurarse de terminar en el lado correcto de dicha posibilidad. O imagine que un mecánico de confianza le explicara que resulta muy probable que pudiera morir en un accidente de auto si no reemplaza sus frenos. No hay dudas de que lo pensaría dos veces antes de conducir a una velocidad excesiva por la carretera sin hacer las reparaciones necesarias. Y si alguien le dijera que hay un cincuenta por ciento de probabilidades de que uno de sus hijos sea secuestrado si lo deja en el centro comercial sin supervisión, ciertamente su chico nunca visitará el centro comercial solo otra vez.

Al saber que hay una buena probabilidad de que ocurra alguna tragedia que altera la vida, usted haría todo lo posible para evitarla. Sin embargo, todos los días la gente se casa con pleno conocimiento de que aproximadamente el cincuenta por ciento de los matrimonios terminan en divorcio. Entonces, ¿por qué no hacemos todo lo que podemos para considerar en serio esas probabilidades? A pesar de que muchos matrimonios no lo hacen en absoluto y otros apenas lo intentan sin mucho esfuerzo, no tiene por qué ser de esa manera para usted.

La sabiduría adecuada y la preparación inteligente pueden ser determinantes. Es por eso que Amy y yo estamos tan agradecidos por este libro práctico, profundamente espiritual e innovador del Dr. Kimberling. Me siento honrado de servir como pastor del Dr. Kimberling y tener la bendición de conocerlo tanto en lo personal como profesionalmente. Él y su esposa, Nancy, no son solo siervos increíbles, sino también maestros de primer orden. He perdido la cuenta de todos los matrimonios que han estado luchando en nuestra iglesia y he enviado a los Kimberlings en medio de una necesidad desesperada de ayuda. Una y otra vez,

Dios ha usado a esta familia para salvar matrimonios y construir hogares que honran a Dios.

Amy y yo no le prometemos que lograr un matrimonio extraordinario resulta fácil, pero sí podemos asegurarle que es posible. Y el Dr. Kimberling lo guiará paso a paso a través de siete prácticas muy factibles que lo ayudarán a disfrutar del matrimonio que siempre ha soñado. Por medio de estos siete secretos, unidos a un compromiso sincero con Cristo y del uno con el otro, usted puede y tendrá un matrimonio increíble.

—*Craig y Amy Groeschel*

UNAS PALABRAS INICIALES

Si yo tuviera veinte años de nuevo, y estuviera enamorado y listo para casarme, me sentiría muerto de miedo. El mundo a menudo hace que todo este asunto del matrimonio parezca una catástrofe a punto de ocurrir, y no estoy muy seguro de que me gustaría correr el riesgo. Tal vez me encontrara buscando otras opciones, lo cual es exactamente lo que un gran grupo de gente está haciendo hoy. Cohabitan, salen con un montón de personas diferentes, no se comprometen con nadie, o permanecen solteros para siempre. Tal vez hubiera estado de acuerdo con eso. Tal vez habría querido jugar seguro. Este asunto del matrimonio pudo haber sido algo convencional una vez, pero ahora podría ser para los temerarios o locos.

Seamos honestos: las estadísticas no se ven tan bien. Tampoco resultan buenas las historias que les escuchamos contar a aquellos que conocemos y amamos cuyos matrimonios han fracasado.

Sin embargo, incluso con todas las cosas negativas que sabemos sobre el matrimonio hoy en día, mi conclusión real es la siguiente: me encanta estar casado. Nancy y yo empezamos a salir juntos durante nuestros años universitarios. Ella tenía dieciocho años y yo tenía veinte. Nos gustaba mucho pasar el tiempo juntos. Mientras estábamos en el campus me gustaba esperarla fuera de su clase hasta que terminaba de modo que pudiera caminar con ella hasta la siguiente. Comíamos juntos, estudiábamos juntos, y hablábamos por teléfono hasta demasiado tarde cada noche. Fue una aventura para nosotros. Estábamos en la universidad y pasándola estupendamente. Teníamos muchos amigos, nos divertíamos, y contábamos el uno con el otro.

Nuestra relación creció hasta el punto de que dos años más tarde dimos el salto hasta el matrimonio. Nancy estaba terminando la universidad y yo trabajaba a tiempo completo. Nuestro primer apartamento no había sido estrenado. No solo fuimos las primeras personas que vivimos en él, sino que también fuimos los primeros en verlo literalmente desmoronarse a nuestro alrededor. ¡Y tanto que hablan sobre la filosofía de que "si algo es nuevo, no tendrá problemas con ello"! Con mi primer trabajo ganaba suficiente dinero para pagar las cuentas, pero nos quedaba muy poco. Así que tuvimos muchas salidas nocturnas muy creativas. Nuestra favorita consistía en observar la puesta del sol y los barcos de vela mientras permanecíamos sentados en la orilla de un lago cercano a donde vivíamos. Era algo mágico para nosotros.

Al comienzo no teníamos idea de lo que estábamos haciendo, pero nos sentíamos comprometidos mutuamente y con el matrimonio. Tuvimos altibajos y casi fracasamos unas pocas veces, pero lo superamos. ¿Y sabe qué? Luego de todos estos años, lo haríamos todo de nuevo. Nos gustaría ir a las colinas y a través de los valles y revivir los días buenos y los malos, porque tenemos una perspectiva diferente en la actualidad.

Ahora podemos ver cómo todas esas cosas que enfrentamos en el transcurso de los años nos unieron estrechamente. Comprendemos que Dios tenía este plan para nosotros y nunca nos abandonó. Por supuesto, hubo momentos en que no pensábamos que Él estuviera allí, pero al mirar hacia atrás, vemos que sí lo estaba, y hoy tenemos este matrimonio extraordinariamente increíble. Llevó tiempo y esfuerzo y resultó agotador, pero valió la pena.

Así que por eso me molesta esa actitud cada vez más negativa hacia el matrimonio. Tengo temor de que la gente esté evitando casarse. Tengo temor de que las personas casadas se den por vencidas porque todos los demás lo están haciendo. Lo triste para mí es que si la gente nunca se casa o se rinde con facilidad, renuncia a la posibilidad de tener en algún momento lo que Dios nos ha dado a Nancy y a mí. Dios tiene un plan para el matrimonio y para su matrimonio, y ese plan no es solo bastante bueno. Resulta increíble.

Ponga a un lado esas otras estadísticas que lo asustan. Vuélvale la espalda a las estadísticas que afirman que el matrimonio no puede funcionar, y concédase una oportunidad. ¿Por qué? Porque si se concede la oportunidad de vivir el matrimonio a la manera de Dios, estoy totalmente convencido de que se sentirá gratamente sorprendido. Por supuesto, hay riesgos, pero creo con todo mi corazón que los riesgos en realidad valen la pena.

Nancy y yo asumimos el riesgo. Comenzamos nuestra vida juntos como la mayoría de las parejas jóvenes lo hace hoy. No teníamos idea de lo que estábamos haciendo, pero eso estaba bien, porque teníamos un Dios que sí lo sabía. A pesar de que la jornada no ha sido perfecta, ninguno de los dos se ha arrepentido de correr ese riesgo jamás. El lado positivo es demasiado gratificante para que se pierda la oportunidad.

Comencemos considerando siete secretos que le permitirán disfrutar de un matrimonio increíble... el tipo de matrimonio que Dios tenía en mente desde el principio. Va a conocer a varias personas y a escuchar sus historias. Algunas están dispuestas a aceptar los secretos y otras no. Algunas de ellas triunfan y otras fracasan. Puede decidir por sí mismo qué piensa que va a funcionar para usted.

Secreto número 1:

DETENCIÓN

Las locuras que nos detienen

"Hacer lo mismo una y otra vez y esperar resultados diferentes"... esta es la definición clásica de la locura. Por supuesto, la mayoría de nosotros no nos consideramos unos dementes, sin embargo, ese es el patrón exacto según el cual actuamos a menudo en nuestras relaciones. Y es ahí donde los verdaderos problemas comienzan. Resulta evidente que las locuras que traemos a nuestras relaciones no aparecen de buenas a primeras. Todas ellas tienen raíces. Resulta más difícil deshacerse de algunas raíces que de otras. En realidad, muchas de las raíces crecen a partir de nuestra familia de origen. No obstante, sin importar la fuente de nuestras locuras, parece que nos impiden seguir el plan de Dios para el matrimonio. Y esa es la mayor locura de todas.

Mientras más tiempo hayamos practicado nuestras locuras e insensateces, más difícil será liberarnos de ellas. No importa si usted es joven o no tan joven, casado, divorciado, viudo, soltero o lo que sea, las probabilidades de que posea una o dos locuras que necesitan ser tratadas son bastante buenas. Si decide hacerle frente a la forma sesgada de pensar, la vida se vuelve más placentera y las relaciones pueden mejorar mucho. Si elige no lidiar con esto, entonces...

Permítame presentarles a Richard y Lisa. Richard acaba de cumplir los cuarenta años. Lisa tiene treinta y cinco. Hoy están casados. Mañana, ¿quién sabe? Esta es la tercera vez que Richard se casa, y está seguro de que será también su tercer divorcio. Lo mismo es cierto para Lisa. Las personas acuden a mi oficina por un gran número de razones. Algunos tienen la esperanza de que las cosas puedan mejorar, y a menudo lo hacen. Algunos vienen a la consejería para poder decirles a familiares y amigos que lo han intentado "todo" antes de optar por el divorcio. Estaba bastante seguro de que Richard y Lisa pertenecían a esta última categoría. Visitar la oficina del consejero representaba la última cosa en su lista de lo que necesitaban hacer. Los escuché mientras me contaban sus historias.

Richard creció en un hogar de padres divorciados. Él era el mayor de tres niños, y desde el momento en que cumplió ocho años se convirtió en el "hombre de la casa". Su madre trabajaba largas horas para mantener a la familia, y su padre simple-

Resultó fácil para Richard creer que se había casado con la persona equivocada la primera vez. Sin embargo, nunca se detuvo a analizarse a sí mismo y descubrir lo que tenía que cambiar.

mente había desaparecido. Richard no tuvo un modelo de lo que significaba ser un padre, un esposo y un hombre. Se vio obligado a imaginárselo por su propia cuenta. A la edad de doce años comenzó a repartir periódicos, y para el momento en que cumplió los dieciséis trabajaba a tiempo completo.

A los diecisiete años se enamoró, y durante el verano en que se graduó de la escuela secundaria caminó hasta al altar por primera vez. Al parecer eso era lo que debían hacer. Los dos estaban enamorados, ambos tenían un empleo, así que alquilaron un aparta-mento pequeño e hicieron planes para comenzar a estudiar en la universidad de la ciudad durante el otoño. Sin embargo, antes de septiembre ya ella estaba embarazada. Su embarazo fue difícil. Co-menzaron a pelear mucho, el dinero era escaso, y antes de Navidad ella se había mudado de nuevo con sus padres. Richard no vivió ni un solo día en la misma casa que su hijo. Ese fue el matrimonio número uno.

Como le sucede a muchos de nosotros, resultó fácil para Richard creer que se había casado con la persona equivocada la primera vez. Sin embargo, nunca se detuvo a analizarse a sí mismo y descubrir lo que tenía que cambiar. Richard estaba haciendo lo mismo de nuevo y esperando un resultado diferente. Locura. Él se tomó su tiempo y a los veintitrés años conoció al amor de su vida. Ambos trabajaban en la misma oficina. Ella era un año más joven y no se había casado nunca. Añoraba a un hombre fuerte, y Richard parecía encajar en el perfil.

Salieron juntos durante casi un año, y a la edad de veinticuatro años Richard hizo su segundo intento en lo que respecta al matrimonio. Estaba seguro de que esta vez funcionaría. Ambos tenían buenos trabajos, compraron una casa juntos, y el primer año todo fue como en una historia de amor salida de Hollywood. Transcurrieron quince meses antes de que tuvieran su primera pelea y, según Richard, estuvieron dispuestos a recuperar el tiempo perdido. En su primer matrimonio, cuando comenzó el conflicto, el matrimonio terminó. Richard estaba determinado a que esta vez no fuera de la misma manera. Él no iba a rendirse, y tampoco dejaría que ella lo hiciera.

Durante siete años vivieron una vida llena de altibajos, yendo de la paz al caos: unos pocos días de felicidad seguidos de un día o dos de peleas. Sin embargo, nunca aprendieron a resolver los conflictos, y ese era su mayor problema. Así que las mismas dificultades surgían una y otra vez. Fue algo similar a su primer matrimonio, pero que se repitió por un período más largo de tiempo. Finalmente, los días de conflicto prevalecieron en el calendario y acordaron separarse. Ese fue el matrimonio número dos.

Richard comentó que luego pasó por un período de búsqueda del alma. Se hizo preguntas. "¿Qué sucedió?". "¿Qué salió mal en esta ocasión?". No obstante, transitó a través de este proceso solo, sin la ayuda de amigos sabios o un consejero. Por último, la conclusión a la que llegó fue la misma que dedujo en su primer matrimonio: se había casado con la persona equivocada, una vez más.

Sin embargo, tal vez necesitaba ir a la iglesia, pensó. Esto no podría causar ningún daño, y era posible que encontrara a la mujer adecuada. Richard comenzó a buscar una iglesia y finalmente comenzó a asistir a una que tenía un buen programa para solteros. La definición de Richard de un "buen programa para solteros" incluía a un montón de mujeres atractivas y elegibles.

Richard había estado en la iglesia un poco más de un año cuando Lisa llegó un día. No podía apartar sus ojos de ella. Ahora todo tuvo sentido. ¡Se había casado con la mujer equivocada...dos veces! Ellos comenzaron a salir juntos y durante los próximos dieciocho meses hicieron todo lo que la iglesia les pidió a fin de prepararse para el matrimonio. Richard admitió que solo estaba cumpliendo con las formalidades que la iglesia les requería. Lisa era la mujer adecuada para él y eso era todo lo que importaba. Esta vez era diferente, porque había encontrado a la persona indicada. A la edad de treinta y cuatro años, Richard llegó al altar por tercera vez.

Mientras permanecía de pie en la parte delantera de la iglesia, Lisa caminó por el pasillo para encontrarse con él. Richard pensó en lo hermosa que era y lo diferente a las demás, pero no tenía idea de que Lisa traía al matrimonio su propio bagaje emocional.

La historia de Lisa

Lisa quería mucho a su padre. Tenía un hermano y una hermana mayores que ella, pero no había ninguna duda en la mente de nadie en cuanto a que Lisa era la favorita de su papá...indiscutiblemente la favorita. Como el padre le brindaba la mayor parte de su atención a Lisa, la madre trató de compensar el vacío de sus hermanos. Esto casi se convirtió en un juego. ¿Cuál de los padres podría superar al otro?

A los ojos de Lisa, su papá ganó y el matrimonio de sus padres fracasó. Ellos nunca se enfrentaron abiertamente, pero su matrimonio no era tampoco una sociedad. Nunca se divorciaron, pero Lisa no quería para ella una repetición del matrimonio de sus padres. Como resultado, el modelo de Lisa de lo que era una esposa, madre y mujer no era el adecuado. Ella nunca tuvo en realidad una relación con su madre a medida que crecía, y ahora como adultas su relación estaba peor que nunca.

Después de la universidad, Lisa se enfocó en desarrollar su carrera. El matrimonio no mostraba ningún atractivo a los ojos de Lisa. Rara vez salía con alguien, ya que simplemente no tenía tiempo para esas relaciones, o eso fue lo que se dijo a sí misma. A la edad de veintiocho años comenzó a entrar en pánico cuando la realidad de su vida la golpeó de frente. Estaba haciéndose mayor, y en el fondo de su mente sabía que en algún momento de la vida deseaba tener hijos. Ya era el momento de comenzar la búsqueda.

Lisa no se preocupaba por su pasado. Sin dudas, su familia era disfuncional, pero eso había ocurrido mucho tiempo atrás. Ella había superado esos problemas. Ahora era exitosa en su trabajo, segura y atractiva, y estaba enfocada en lo que quería. Un amigo le presentó a Dustin y en realidad se llevaron bien. Él la trataba con cariño...justo como su padre lo hacía. Después de cuatro meses de noviazgo, ya estaban planeando una luna de miel privada y romántica, solos los dos. Sin embargo, el romance comenzó a desvanecerse tan pronto como abordaron el avión de regreso, que fue cuando el Sr. Maravilloso comenzó a cambiar. A treinta mil pies de altura (un poco más de nueve mil metros) esbozó su lista de expectativas en cuanto a ella, incluyendo lo que podía y no podía hacer. Lisa se sorprendió, pero no dijo nada al principio. Ocho semanas después, no podía soportarlo más. Ella se fue de la casa y le pidió el divorcio. El matrimonio número uno había terminado.

Un amigo le sugirió un grupo de apoyo para las personas que atravesaban por un divorcio. Lisa accedió a ir, pero se sentía fuera de lugar. La mayoría de estas personas habían estado casadas por lo menos unos pocos años. Su matrimonio había durado solo unas semanas. Soportarlo era difícil, pero la noche final en el grupo de apoyo llegó. Sirvieron café y galletas después de la reunión, y ella decidió quedarse por unos minutos. En esos pocos minutos conoció a su segundo esposo. Él era casi perfecto y la entendía por completo. Después de todo, habían pasado por lo mismo.

Comenzaron una relación de noviazgo que duró nueve meses. Matrimonio número dos.

En el avión de regreso a casa no hubo lista de expectativas. Lisa sabía que esta relación era diferente, y por un tiempo lo fue. La fase de luna de miel duró casi un año, y a pesar de que algo del romance comenzó a desvanecerse, ella estaba feliz.

Para Lisa, el próximo par de años resulta borroso. Su marido avanzaba por la "vía rápida" en su trabajo. Las demandas sobre él y su tiempo eran enormes, pero también lo eran las recompensas. A Lisa le gustaban las recompensas al principio. Ella siempre condujo un coche nuevo y estaba viviendo en la casa de sus sueños, pero las recompensas sin un esposo allí para disfrutarlas con ella no era lo que quería en un matrimonio. Los tiempos que permanecían juntos estaban marcados por las discusiones. Ellos cada vez se alejaron más, y un día Lisa se cansó. El matrimonio número dos terminó al igual que el matrimonio número uno.

Lisa se sintió devastada. ¿Qué había ido mal? Todo lo que quería era un matrimonio feliz. ¿Era eso mucho pedir? Ella habló con una amiga de su trabajo que también se había divorciado. La amiga la invitó a la iglesia. Quería que Lisa asistiera a las clases para solteros con ella. Lisa se mostró reacia. Entrar en una habitación llena de solteros le daba miedo, y ella nunca había sentido mucho entusiasmo por todo lo relacionado con la iglesia. Después de semanas de decir que no, finalmente accedió.

Lisa realmente no estaba segura de lo que buscaba en la clase. Tal vez una comunidad, o nuevos amigos, o simplemente un lugar seguro para estar. Su plan era intentarlo por tres o cuatro semanas y luego, si nada sucedía, retirarse con gracia.

Ella pudo haber parecido en calma exteriormente durante la primera semana, pero en el interior estaba completamente asustada. Era como revivir su primer baile de la escuela secundaria una vez más. Tal vez algo aún peor. La segunda semana fue mejor, y para cuando transcurría la semana tres, no experimentaba ninguna ansiedad y más bien se aburría con todo el asunto. Las personas fueron muy agradables, pero Lisa no se sentía atraída por alguno de los hombres. Las clases probablemente estaban bien, pero ella no les prestaba atención. Sin decirle nada a su amiga, tomó la decisión de que ese cuarto domingo sería el último.

Ese cuarto domingo por la mañana no experimentaba sentimientos de ansiedad. Se trataba solo de una rutina que estaba a punto de romper. Lisa pasó muy poco tiempo eligiendo qué ponerse, maquillándose y arreglando su cabello. ¿Para qué molestarse? Nada iba a cambiar. Salió tarde de la casa y estaba lista para terminar con esto.

La clase ya había comenzado cuando Lisa entró. Afortunadamente, su amiga le había guardado un asiento. Mientras examinaba la habitación, su mirada se detuvo en alguien nuevo. Le dio un codazo a su amiga y le preguntó si conocía al nuevo individuo. Lisa descubrió que el sujeto no era nuevo. Se llamaba Richard, y solo había estado fuera de la ciudad durante las últimas semanas. Lisa pensó para sí misma: "Los milagros ocurren". Al terminar la lección, ella fue al baño para retocar su maquillaje y arreglar su cabello. Cuando regresaba, se tropezó con Richard… ¡literalmente! Se rieron y hablaron y fueron a almorzar juntos. Este era el hombre. Ella lo sabía en lo profundo de su interior.

La versión de Lisa de su noviazgo es igual a la de Richard, excepto por el hecho de que ella tomó en serio las instrucciones que la iglesia les dio mientras se preparaban para el matrimonio. Y asumió que Richard también las estaba tomando en serio. La boda fue maravillosa y asistieron todos sus amigos de la iglesia. Este matrimonio sería diferente. Lisa había aprendido de sus errores y sabía qué hacer y qué no hacer.

Durante casi dos años ella puso en práctica todo lo que había aprendido sobre hacer funcionar los matrimonios. Entonces Richard cambió. Fue casi un cambio de la noche a la mañana. ¿Dónde estaba el Richard del que se había enamorado? Se mostraba seco con ella, y sus palabras eran a menudo bruscas. Recordaba que antes pensaba que nunca lo había visto enojado, pero ahora era rara la vez en que no lo estaba. Ella lo soportó durante mucho tiempo y finalmente comenzó a defenderse. Las peleas se volvieron horribles y Lisa se cansó. En realidad se cansó. Estaba más hastiada que en su segundo matrimonio.

Dos opciones

Cuando Lisa terminó su historia, los dos se volvieron a mirarme. No estaba seguro de lo que pensaban, pero me pareció que era algo como: "Sabemos que nuestro matrimonio no tiene esperanza. Solo confírmelo y nos iremos de aquí".

Permanecí sentado allí mucho tiempo sin decir nada. El silencio es difícil para la mayoría de nosotros, y esto era realmente cierto en el caso de Richard y Lisa. Así que comenzaron a inquietarse un poco. Yo no estaba jugando un juego con ellos. Deseaba que en verdad escucharan lo que les iba a decir. No se trataría de una conferencia. Tampoco sería una confirmación de su situación desesperanzada. En lugar de ello, representaría un reto para los dos. "Según lo veo, ustedes tiene dos opciones. Una opción es el divorcio y seguir adelante con sus vidas. No tienen niños, de modo que eso lo hace más fácil para ustedes, porque nunca tendrán que verse el uno al otro de nuevo. Si eligen esta opción, creo que los voy a ver a los dos aquí dentro de un par de años, cada uno con una pareja diferente. Pienso que continuarán con el mismo patrón de enamorarse, casarse y divorciarse. No hay razón para pensar que esta locura va a parar.

"También tienen una segunda opción. Pueden optar por hacer que este matrimonio funcione. No será fácil. Demandará una gran cantidad de esfuerzo y mucho tiempo de cada uno de ustedes. Al final, creo que es la única cosa sensata que deben hacer. Juntos pueden descubrir qué significa construir y vivir un matrimonio increíble. La decisión es de ustedes".

Como consejero, mi sueño es ayudar a las parejas a aceptar el desafío de construir un matrimonio sano con alegría y entusiasmo.

Sin embargo, Richard y Lisa solo permanecieron sentados allí. Yo había arruinado sus planes. Ya estaban mentalmente dividiendo los muebles, el dinero y las otras posesiones. Richard se había registrado en un servicio de citas en línea. Les había lanzado una bola curva al decirles que tenía esperanza.

Les aconsejé que postergaran lo que iban a hacer por una semana. Durante ese tiempo, les pedí que hicieran un par de cosas. En primer lugar, les dije que oraran y buscaran la guía de Dios con respecto a esta decisión. En segundo, les pedí que hablaran con algunas personas que disfrutaran de buenos matrimonios y les preguntaran qué habían hecho para llegar a donde estaban hoy. Luego acordamos reunirnos para un seguimiento. Richard y Lisa se pusieron de pie, me dieron las gracias, estrecharon mi mano y salieron de mi oficina. No tenía idea de si los vería de nuevo.

Enfrente su bagaje

Richard y Lisa son un ejemplo de muchos de los problemas que veo enfrentar a las parejas y los individuos hoy en día. Consideremos a Richard primero. Aparentando tener unos diecisiete años de edad, Richard lucía muy bien. Él era responsable, con una fuerte ética de trabajo, buenas calificaciones y altas esperanzas de vida. No era un conjunto malo de cualidades. Sin embargo, como esposo era un desastre a punto de ocurrir, y así fue. Richard nunca tuvo un padre que le sirviera de modelo. Lo que aprendió acerca de ser un hombre y un esposo lo obtuvo de las experiencias de la vida. Eso incluía la televisión, películas, su padre divorciado como su mejor amigo y un tío alcohólico. Richard buscó las cosas correctas en todos los lugares equivocados.

Luego, era muy joven, tenía solo diecisiete años el día de su primer matrimonio. Los matrimonios adolescentes son difíciles, y las estadísticas en cuanto a estos no resultan muy buenas. De acuerdo, algunas parejas lo logran, pero son la excepción. Creo que el golpe final vino cuando su primera esposa quedó embarazada. Ahí estaba esa joven pareja tratando de entender las cosas, comenzando la universidad, y ahora encima de todo se añadía la paternidad. El estrés era enorme, no había ninguna madurez, y el matrimonio fracasó.

Esa parte de la historia de Richard no es poco frecuente. Muchas parejas llegan a un primer matrimonio con las probabilidades en su contra, y por lo general las probabilidades ganan *a menos que*—y este es un gran a menos que—dediquen el tiempo a hacerle frente a las disfunciones de su pasado.

La clave para saber si van a tener éxito o no está en el siguiente paso que den, porque solemos hacer una de dos cosas. Algunas personas retroceden, buscan ayuda, se analizan a sí mismas, y reelaboran sus pensamientos e ideas acerca de lo que se necesita para tener un matrimonio exitoso. Aunque ninguno de nosotros desea repetir ciclos dañinos, esos hábitos e impedimentos no desaparecen sencillamente. Tenemos que trabajar en ellos, y a menudo buscar la orientación y la sabiduría de un pastor o consejero

> **Algunas personas retroceden, buscan ayuda, se analizan a sí mismas, y reelaboran sus pensamientos e ideas acerca de lo que se necesita para tener un matrimonio exitoso.**

cristiano que nos guíe a través del proceso. Esto nos da entonces la oportunidad de romper cualquier ciclo no saludable en el que podamos encontrarnos. Es así que las parejas potenciales son capaces de comenzar a prepararse para el matrimonio en lugar de prepararse para el divorcio.

La otra cosa que las personas hacen por lo general es básicamente nada. Al igual que Richard, afirman que la razón de que su matrimonio haya fracasado es que se casaron con la persona equivocada. Eso hace que la transición resulte más fácil. Ellos piensan: "No tengo que cambiar. Solo necesito encontrar a la persona correcta". Permítame decirle cuán a menudo pienso que este análisis funciona: ¡nunca!

Lisa aprendió a ser una esposa de la misma manera en que Richard aprendió a ser un marido: a partir de la televisión, las películas y unas pocas personas que estaban a su alrededor. Ella nunca le concedió al asunto mucha importancia, porque cuando llegara el momento, descubriría cómo hacer las cosas. Después de todo, era una mujer inteligente.

Richard y Lisa hicieron lo que muchos de nosotros hacemos hoy en día. Trabajamos duro, nos educamos o aprendemos un oficio, hacemos dinero, compramos cosas, tenemos hijos, y creemos que el matrimonio se hará cargo de sí mismo. Luego nos sentimos sorprendidos cuando no es así. ¿Y si le dedicáramos tanto esfuerzo a nuestro matrimonio como el que le dedicamos a nuestra carrera?

Reflexionemos un poco en esto. ¿Mejorarían los matrimonios? ¿Disminuiría la tasa de divorcio?

Como verá, al igual que Richard y Lisa, tenemos una opción. Podemos continuar con nuestros patrones destructivos en el matrimonio o elegir detener la locura.

Nuestra llamada de atención como recién casados

Al mirar hacia atrás, a menudo podemos ver la mano de Dios obrando en nuestra vida de una manera en que no podemos hacerlo en medio de nuestras circunstancias. Cuando estaba en el penúltimo año de la escuela secundaria, hice la decisión apresurada de asistir a una universidad fuera del estado después de la graduación.

Parecía ser una buena opción. Conocía a chicos mayores que asistieron a esa universidad y me gustaba la idea.

Mis padres estaban de acuerdo en que estuviera fuera del estado al menos durante el primer año. Asunto concluido. Sin embargo, un problema que surgió más tarde con esta decisión fue el hecho de que nunca había visitado la escuela antes de que mis padres me dejaran allí al inicio de mi primer año. En el momento en que las luces traseras de su automóvil se desvanecieron en la distancia, me encontré pensando que había cometido un gran error.

Habiendo sido siempre capaz de adaptarme a las circunstancias, decidí que podía hacer que las cosas funcionaran en esta nueva situación. Hacia el final de la primera semana, mi capacidad de adaptación había desaparecido y yo estaba enfermo... literalmente. Vomité en el baño y vomité mientras caminaba hasta la clase. Nunca me había sentido más desdichado en mi vida, y no tenía a nadie a quien culpar excepto a mí mismo.

El traslado de escuela pasó de ser una opción a convertirse en una necesidad. Mis padres dijeron que sí, pero no hasta el final del semestre. Pasé seis horas dibujando un calendario que colgué encima de mi cama a fin de ir contando los días. Mi compañero de cuarto pensó que estaba loco, y él casi tenía razón. Estaba obsesionado con la idea de marcharme. La pregunta ya no era cuándo saldría de allí, sino a dónde iría. Me encontraba desesperado.

Cuando me hallaba en mi último año de la escuela secundaria había llegado un nuevo estudiante que también iría a la universidad fuera del estado. Nos hicimos amigos, y él se había ido a Texas Christian University [Universidad Cristiana de Texas] en Fort Worth, Texas. Al escucharlo hablar, siempre pensé que TCU era una buena elección. Esta se adecuaba perfectamente a él. Y ahora se había convertido en mi tierra prometida. Me matriculé para el segundo semestre de mi primer año en la TCU y me dirigí a mi segundo campus universitario en cinco meses.

A pesar de que cometí el mismo error con TCU que había cometido con la universidad número uno (mi primer día de clases fue la primera vez que puse un pie en el campus), sentía que esta vez sería diferente. Tenía un buen amigo en la universidad y Fort

Worth era un lugar cómodo para mí. Se parecía más a estar en casa, y yo me hallaba muy emocionado de encontrarme allí.

Cuando empecé el segundo semestre de mi primer año en la universidad, Nancy estaba en su tercer año de la escuela secundaria en Houston. Mientras se acercaba el momento de graduarse de la secundaria, ella pensaba dirigirse a una gran universidad estatal. Como cortesía hacia una amiga, también hizo una solicitud para TCU, pero sin verdadera intención de ir allí. Dos semanas antes de que comenzara su primer año de universidad, Nancy cambió de manera audaz e inesperada y renunció a la escuela estatal, dirigiéndose en cambio a TCU. Cuando mi tercer año de universidad comenzó, yo no tenía ni idea de que mi alma gemela estaba ahora en el mismo campus que yo.

A mediados de ese año, me sentía bastante frustrado con todo el proceso vinculado a las salidas con las chicas. Demasiadas de mis experiencias no tuvieron buenos resultados. Había tenido una gran cantidad de citas a ciegas, pero ninguna funcionó. Tuve un par de relaciones decentes, pero fueron bastante efímeras. A mediados de tercer año decidí enfocarme en el trabajo escolar, andar con mis amigos, y solo salir con chicas cuando tuviera que hacerlo.

En febrero llegó la primera ocasión de "tener que hacerlo". Había una fiesta, y todo el mundo iba. Me disponía a hacerle frente a una noche de sábado a solas cuando mi compañero de cuarto me preguntó una vez más si podía "empatarme" con una de las amigas de su novia. Él ya me había preguntado antes, y siempre le había dicho que no. En mi mente todas las citas a ciegas resultaban del mismo modo: mal. A medida que el fin de semana se acercaba, en un momento de debilidad, finalmente le dije que sí.

Ese sábado por la noche mi vida cambió para siempre. Mientras permanecía sentado en el vestíbulo del dormitorio de las niñas de primer año esperando que mi acompañante bajara en el ascensor, en mi mente se arremolinaban un montón de cosas, además de la salida a la fiesta. Tener a una compañera me había permitido ir a la fiesta y que no me sintiera como un tonto que estaba solo. Una vez que llegáramos podía reunirme con mis amigos y mi acompañante con los de ella, y luego la llevaría de vuelta a la residencia universitaria. Gran plan. En ese momento la puerta del ascensor se abrió y Nancy salió. Rara vez me quedo sin palabras, pero en ese momento y lugar fue así. Ella era preciosa y tenía una sonrisa que hizo que mi corazón latiera en el pecho. No tenía idea de lo que estaba ocurriendo en mi interior, pero me gustó. Esa noche me comporté como un tonto total, y Nancy le dijo a la novia de mi compañero de habitación que no deseaba salir conmigo otra vez. Cuando por fin tuve una cita con una chica que me hipnotizó, había echado todo a perder. Ahora bien, esta es la parte donde las cosas se pusieron interesantes. A pesar de que hubiera hecho cualquier cosa para tener otra oportunidad con Nancy, por alguna razón dejé las cosas así, algo que nunca hago. Quería llamarla, pero no lo hice. Quería averiguar dónde eran sus clases y justo "tropezarme" con ella, pero no lo hice. Quería preguntarles a sus amigos si pensaban que había alguna posibilidad, pero no lo hice.

Entonces ocurrió el milagro. Tres semanas más tarde ella casualmente le comentó a su amiga que por alguna razón quería salir conmigo de nuevo. No desperdicié la oportunidad, y esta vez me encontraba preparado. Con la primera impresión ya superada, estaba decidido a solo ser yo mismo. Si le gustaba, sabría que no sería porque estaba intentando ser alguien que no era. Esa segunda salida exitosa se convirtió en el primer paso a medida que comenzamos nuestra vida juntos.

El noviazgo y el matrimonio son diferentes. Se lo digo a la gente todo el tiempo, pero a menudo no me creen. Piensan que si les va bien mientras están saliendo juntos, van a llevarse incluso mejor en el matrimonio. Yo pensaba lo mismo, y después de dos años de noviazgo acudimos al altar. Una boda perfecta. Una novia perfecta. Todo perfecto.

Nuestro primer año transcurrió bastante normal a pesar de que descubrimos que teníamos un montón de ajustes que hacer. Resultaba extraño vivir con una persona del sexo opuesto. Hay muchas cosas sobre el sexo opuesto en las que ninguno de los dos integrantes de una pareja ni siquiera piensa antes de llegar al matrimonio. Si está casado, sabrá de qué hablo, y si no es así, no voy a acabar con sus ilusiones aquí. Además, los ajustes de Nancy eran mucho mayores que los míos. Vivíamos en un apartamento pequeño, y esto nos proporcionó muy poco espacio para la privacidad, lo cual parecía ser más difícil para la esposa que para el esposo. Compartíamos un pequeño baño, un pequeño armario y una descomunal cama extra grande que casi llenaba por completo nuestro dormitorio. El apartamento también empezaba a desmoronarse. Las puertas se estaban saliendo de las bisagras, los gabinetes de la cocina comenzaban a ceder, y la campana que se hallaba encima de la estufa se cayó sobre nuestra cena casi lista. Con el tiempo, fuimos capaces de mudarnos a un apartamento más grande, pero fue allí que empezamos. Tal vez su historia es similar.

Cuando está saliendo, es natural enfocarse en las maneras en que resultan muy parecidos. Usted construye un vínculo a través de lo que tienen en común. Ese fue mi caso. Según las apariencias, pensé que mi familia y la de Nancy eran similares, pero a medida que comenzamos nuestra vida de casados descubrí que no era así. Nadie nos habló jamás acerca de la disfunción. Nadie nos dijo nada acerca de las diferencias. Nadie nos enseñó cómo comunicarnos o discrepar. Tenía la brillante idea de que en el matrimonio las relaciones sexuales lo resuelven todo. No obstante, muy pronto descubrí que este no era el caso. Todo este asunto de estar casado representó un pacto raro que me resultó muy difícil comprender.

Nuestra felicidad de recién casados se convirtió en una llamada de atención a los recién casados... algo diferente a todo lo que había esperado. Esto me confundió. Me hallaba viviendo con mi mejor amiga y estaba loco por ella, pero había veces en que pensaba que íbamos a matarnos el uno al otro. Y así la locura comienza.

La locura de las expectativas poco realistas

Probablemente hay tantas "locuras" —patrones de hábitos destructivos que repetimos una y otra vez— como hay matrimonios. Todos parecemos tenerlas. La mía puede ser diferente a la suya, pero aun así están ahí.

Y al igual que algunas de nuestras locuras tienen sus raíces en nuestro pasado y nuestra educación familiar, otras están arraigadas en nuestras expectativas del futuro. Así que démosles un vistazo a las expectativas que traemos al matrimonio. Mi madre, por ejemplo, no era perfecta, pero estaba bastante cerca. Y esa no era solo mi opinión. Parecía ser la opinión de la mayoría de las personas que estaban siempre a su alrededor. A medida que yo crecía, nuestra casa era el lugar donde todos mis amigos querían estar. Mamá no solo tenía siempre comida para ofrecer, sino también un oído dispuesto a escuchar. A mis amigos les encantaba hablar con ella. A menudo estaban en casa y yo me encontraba solo en mi habitación mientras ellos se dirigían a la cocina para pasar un tiempo con mi madre.

> **Hay tantas "locuras" —patrones de hábitos destructivos que repetimos una y otra vez— como hay matrimonios.**

Cuando miro hacia atrás, veo que muchas de las habilidades que utilizo como consejero las aprendí de ella. Mi madre sabía escuchar y daba consejos sabios en el momento perfecto. Era una mujer fuerte con un espíritu gentil. Como esposa, dejó que mi padre fuera el líder, pero él la escuchaba y valoraba sus opiniones. Formaban en verdad un equipo y se respetaban profundamente el uno al otro. Este fue mi modelo, y pensé que todos los hogares eran más o menos como el mío. Eso es lo que muchos de nosotros hacemos. El hogar en el que crecimos, bueno o malo, constituye nuestro primer libro de texto en cuanto a lo que el matrimonio es o no.

Nancy se crió en un hogar disfuncional con bastante poca seguridad y mucha agitación. Confiar resultaba difícil para ella. Cuando nos casamos, deseaba que confiara en mí y en mis decisiones, esa era mi expectativa. Nancy tenía que ser como mi madre. Con esta creencia surgieron dos problemas. Nancy no era mi madre, y ella no estaba dispuesta a seguir ciegamente a alguien sin importar que esa persona fuera su esposo o no.

Uno de mis mayores retos se produjo cuando compartí algo con Nancy y ella comenzó a hacer preguntas. Si le comentaba una idea, hacía preguntas. Si deseaba que hiciéramos algo, hacía preguntas. Mi expectativa era que a ella le gustaran mis ideas y las apoyara, y que estuviera de acuerdo con las cosas que yo deseaba que hiciéramos. Sus preguntas me hicieron sentir como si ella estuviera echando un balde de agua fría sobre todo lo que le decía, y entonces respondía con ira.

No pasó mucho tiempo para que me diera cuenta de que algo estaba profundamente mal. Mi problema fue que pensé que lo malo tenía que ver con Nancy. ¿Cómo podría yo estar equivocado? Mi familia era perfecta. El problema tenía que ser de ella. Fue Nancy la que vivió en medio de un desastre.

Así que comencé el proceso de tratar de convertirla en la persona que yo sabía que precisaba ser. ¿Alguna vez ha intentado cambiar a una mujer tipo A, inteligente e independiente de algún modo? No la entendía. ¿Cómo podría ella rechazar esta oportunidad que le estaba dando? Pensé que podía ayudarla a salir del pozo, y que disfrutaríamos de un gran matrimonio al igual que mis padres lo habían hecho.

A menudo me sorprende cómo siendo un consejero que es capaz de ver con claridad y por lo general con rapidez los problemas en mis pacientes, a veces pareciera que en mi propia vida estuviera usando anteojeras. Finalmente, me deshice de las anteojeras y comencé a ver la situación de manera más objetiva. Me di cuenta de que necesitaba hacer algo diferente. (A menudo puedo ser un aprendiz muy lento.) Yo era tan parte de nuestra locura como ella.

Muchos años más adelante en el matrimonio, me encontraba estudiando las diferentes formas en que la gente se comunica y cómo esto puede afectar a un matrimonio. Nancy y yo nos sometimos a una evaluación que no solo señaló nuestras diferencias, sino también nos dio una visión práctica de cómo en realidad podríamos aceptar tales diferencias y hacer crecer nuestro matrimonio. Finalmente, lo entendí. Nancy no estaba cuestionando mis ideas o lo que quería hacer. Ella solo intentaba comprender mejor lo que le estaba diciendo.

Esto representó un cambio en nuestra relación. Mi expectativa había sido poco realista. Una y otra vez le había dicho lo mucho que deseaba que estuviera de mi lado, y Nancy afirmaba que eso era lo que ella quería también. Sin embargo, cuando le comentaba algo, ahí venían las preguntas. Ahora ya lo he entendido. Esta esposa que pensaba que era mi adversaria podría ser mi mayor defensora. Solo tenía que tomarme el tiempo para responder a sus preguntas. Una vez que ella comprendía y sus preguntas eran respondidas me apoyaba cien por ciento.

Expectativas saludables frente a expectativas poco saludables

Cuando usted se detiene a reevaluar sus expectativas, el efecto puede ser exactamente el mismo que esto tuvo para Nancy y para mí: un cambio en la relación. Al pensar en la palabra "expectativas", ¿qué significa para usted? El diccionario define la palabra, un sustantivo, como "una fuerte creencia de que algo va a suceder o ser el caso en el futuro". Por lo tanto, aplicado al matrimonio, significa que creo que mi cónyuge responderá o actuará de una manera particular. Ahora bien, eso no es del todo malo.

Cuando Nancy y yo nos paramos ante el altar y nos casamos, hicimos algunos compromisos entre ambos y con Dios. La expectativa de que seríamos fieles el uno al otro era una consecuencia de dichos compromisos. Así como también las expectativas de que nos apoyaríamos mutuamente cuando enfrentáramos dificultades como una enfermedad y problemas financieros. La expectativa de que iba a trabajar y proveer para Nancy y nuestra familia fue una en la que estuvimos de acuerdo. Ambos teníamos expectativas de cómo queríamos ser tratados y la forma en que deseábamos tratar al otro. Eran buenas y en su mayoría provenían de las instrucciones de Dios en la Biblia.

De modo que hay muchas expectativas buenas y saludables para un esposo y una esposa en un matrimonio.

Dos aspectos esenciales en lo que respecta a lidiar con las expectativas son: si se han expresado o no, y si son realistas o poco realistas. Si tengo una expectativa de Nancy, pero no le digo lo que espero de ella y luego me enojo porque no lo hace, ¿es eso justo? Por supuesto que no. Sin embargo, ¿cuán a menudo hacemos esto en el matrimonio? Esperamos que nuestra pareja nos salude con un beso cuando nos despertamos por la mañana. Esperamos que nuestro cónyuge nos llame o envíe un mensaje de texto durante el día para mantenerse en contacto. Esperamos que nuestro cónyuge nos ayude en las tareas del hogar.

Ahora bien, ninguna de esas expectativas está equivocada. Ellas son muy saludables para un matrimonio hoy en día, pero si yo espero algo y nunca lo comparto con mi cónyuge, eso no es justo.

Por ejemplo, si mi expectativa es que mi esposa se ponga en contacto conmigo en algún momento del día para mostrarme su amor, y no le digo nada sobre esta expectativa, es injusto si me enojo cuando no lo hace. Las expectativas deben ser comunicadas.

Algunas de nuestras expectativas son realistas y otras son poco realistas. Si Nancy espera que yo mantenga a la familia, eso es algo realista. Si ella espera que provea múltiples hogares para nosotros en lugares exóticos de todo el mundo, eso es poco realista.

Sé que este es un ejemplo extremo, pero usted se sorprenderá con algunas de las expectativas poco realistas que escucho de la gente en el salón de consejería. Una que a menudo les oigo decir es que su cónyuge no está satisfaciendo todas sus necesidades. La realidad es que según el diseño de Dios, Él debe satisfacer ciertas necesidades en nuestra vida, y luego están las necesidades que Dios ayudará a nuestro cónyuge a suplir. Si tengo una expectativa de Nancy, tengo que comunicársela. Entonces ella me puede decir si es realista o no.

Las expectativas saludables son buenas para un matrimonio. Las expectativas poco saludables pueden destruir a un matrimonio.

Paso de acción

Piense acerca de las expectativas que usted tiene en su matrimonio y luego escríbalas. Ahora, repase con cuidado su lista. Al lado de cada expectativa coloque una "C" (para comunicada) si la ha comentado con su cónyuge y una "N" (no comunicada) si no lo ha hecho. A continuación, coloque una estrella junto a cada expectativa que es realista y tache aquellas que son poco realistas. Ese último paso puede ser difícil para usted. Su bolígrafo se puede quedar sin tinta, o la mina de su lápiz puede romperse, o su computadora puede bloquearse.

Intente esto: Preséntele cada una de esas expectativas a Dios en oración. Pídale que lo ayude con su lista. ¿Qué aspecto tiene su lista ahora? Tome su lista reevaluada, siéntese con su cónyuge, y revísela con él o ella. Este es un proceso difícil, pero que logrará cosas increíbles para su matrimonio. Las evaluaciones honestas de sus expectativas pueden detener la locura.

Locuras ocultas

La verdad es que las expectativas poco realistas—que no se controlan—a menudo se convierten en locuras. Y por supuesto, estas "locuras" a veces pueden ser difíciles de detectar. Tal vez sean evidentes para los demás, pero nosotros estamos ajenos a ellas.

Considere este escenario. Michael creció en un hogar cristiano. Sus padres se casaron al final de sus veintitantos, y Michael nació un par de años más tarde. Él era el mayor de tres hijos, y su madre se quedaba en casa con ellos. Alrededor de sus diez años de edad, Michael se dio cuenta de algunos cambios en su madre. Por la tarde, cuando él llegaba a casa de la escuela, la veía feliz, pero a medida que la noche avanzaba se agitaba y se enojaba con facilidad. En ocasiones incluso lanzaba los sartenes a través de la cocina y cerraba de golpe la puerta de la despensa.

El padre de Michael trabajaba duro y por lo general llegaba tarde en la noche. Rara vez se encontraba en casa antes de las siete. Para ese momento del día, su madre ya estaba más controlada, pero Michael le comentó a su padre acerca de los "tiempos alocados" de su mamá. Las cosas no cambiaron mucho durante los pocos años siguientes. Michael aprendió a enfrentar el asunto y pensó que todas las mamás han tenido estos tiempos de locura. Además, su madre era cristiana, y ellos iban a la iglesia cada semana.

Una vez que Michael comenzó a conducir, permanecía fuera de casa en las tardes hasta que su padre llegaba al hogar. Él tenía un trabajo a tiempo parcial y estudiaba en la casa de su novia. Sus padres lo aceptaron. Michael sabía que las cosas no estaban del todo bien, pero esa era su situación "normal", y él aprendió a adaptarse.

Lo que Michael no sabía como niño era que su madre tenía una adicción a los analgésicos. Sus comportamientos no eran normales. En realidad, estaban muy lejos de ser normales, pero nadie se lo había dicho. Piense conmigo un minuto. ¿Cuáles son algunas de las locuras que Michael podría arrastrar al matrimonio y nunca considerarlas como tales? Recuerde que eso era lo normal, y él creía que no había nada inusual en su familia de origen. ¿Podría Michael enamorarse y casarse con alguien que tuviera una personalidad adictiva? ¿Podría tener una personalidad adictiva él mismo? ¿Cuáles son algunas de las cosas que Michael vio como normales que en realidad no eran saludables? ¿Cómo vería su papel como esposo y padre? ¿Estaría tan ausente como su papá lo estuvo? Hay muchas formas en que todo esto podría reflejarse en el matrimonio, y la mayoría de ellas no son buenas. Si las cosas van a ser diferentes para Michael, tendrá que identificar las locuras y comenzar a tratar con ellas.

Locuras que acechan a partir del pasado

Jennifer era una víctima. En mis sesiones de consejería veo a un número de personas que se asignan a sí mismas el papel de víctimas, y veo a otras que en realidad lo son. Jennifer era una víctima verdadera. Ella me trajo una foto que le tomaron en su séptimo cumpleaños. Era una niña hermosa. Sus ojos brillaban en la imagen y mostraba una sonrisa que cubría todo su rostro. A continuación, Jennifer me mostró una foto tomada en su noveno cumpleaños. Los niños pueden cambiar mucho a medida que crecen, pero este cambio fue drástico. El brillo de sus ojos y la gran sonrisa habían desaparecido. Yo estaba mirando la foto de una niña de nueve años de edad con ojos tristes y una mirada vacía.

Poco después de cumplir los siete años un vecino adolescente abusó sexualmente de Jennifer, y esta situación continuó por más de dos años. Ella nunca le dijo nada a nadie, pues el chico le dijo que si lo hacía mataría a su perro, así que se mantuvo en silencio. Jennifer era la hija del medio en su familia, y se trataba de una familia ocupada. Sus padres podían preguntarle qué le sucedía y luego no escuchar su respuesta. Ella era una alumna sobresaliente que se dedicó por completo a las tareas escolares. Todas sus calificaciones eran de "A" e integró el cuadro de honor, algo de lo que sus padres se jactaban a menudo. Aprendió a reprimir los sentimientos que el abuso le provocaba. No les hizo caso, y cuando la familia del chico vecino se mudó lejos poco después de su noveno cumpleaños, se relajó. El abuso se había acabado, pero aun así ella nunca se lo dijo a nadie. Poco a poco su sonrisa regresó, pero no el brillo. Tenía un montón de amigos, y todos los chicos pensaban que era linda aunque no quisiera tener nada que ver con ellos. Salió un par de veces

No importa lo que usted sea, o lo que haya hecho, o lo que le hayan hecho otros, *no es una mercancía dañada*. Nadie tiene el derecho a definirlo excepto Dios.

mientras estaba en la escuela secundaria, pero con amigos que eran "chicos buenos" en los cuales confiaba. Principalmente permanecía en grupos rodeada de sus amigas cercanas. Jennifer se graduó como la mejor de su clase y obtuvo una puntuación alta en sus exámenes de ingreso a la universidad. Eligió una universidad cerca de su casa y decidió vivir en su propio hogar. Eso era más seguro.

Durante su último año, Jennifer conoció a David. Él era un buen chico. Era cristiano y estudiaba la Biblia y oraba con ella. Conversaban mucho y compartían esperanzas, sueños y valores. David era virgen y estaba decidido a mantener su pureza hasta el matrimonio. La noche que él le contó sobre el compromiso que había hecho a Jennifer, ella se fue a su casa, se enfermó y lloró hasta quedarse finalmente dormida. A la mañana siguiente me llamó. Fue una de esas llamadas difíciles. Yo sabía que esta mujer estaba herida, pero apenas podía entender lo que me estaba diciendo. Por último, le pedí que viniera a mi oficina y allí comenzó a revelar su historia por primera vez.

Muchos de los que están leyendo esto se identifican con Jennifer en algún nivel. El abuso sexual es demasiado común en nuestra sociedad. Se trata de algo devastador, malo y que le hace un gran daño a la víctima. Jennifer dio un primer paso que literalmente cambió su vida. La historia que ella había escondido durante tanto tiempo ahora había salido a la luz. No voy a mentirle. El proceso de sanidad de Jennifer fue difícil y llevó mucho tiempo, pero hoy es una mujer diferente. Dios ha sanado su dolor y vergüenza, y vive una vida llena de esperanza. Si usted ve una foto de ella de hoy, estaría mirando una similar a la de aquella niña de siete años en su cumpleaños. La sonrisa y el brillo han regresado, y David ha esperado por ella.

¿Qué tal si Jennifer nunca hubiera dado el primer paso para obtener ayuda? Tal vez se habría callado y dejado que David creyera que era virgen. Tal vez se harían novios y se casarían. O tal vez ella continuaría viéndose a sí misma como "mercancía dañada" y nunca saldría con un chico de nuevo.

Permítame detenerme aquí por un momento. Por favor, escuche esto. No importa lo que usted sea, o lo que haya hecho, o lo que le hayan hecho otros, *no es una mercancía dañada*. Punto. Nadie tiene el derecho a definirlo excepto Dios, y Él dice que usted es una creación admirable y que por medio de su fe en Cristo ha sido hecho perfecto a sus ojos. Por favor, nunca olvide esta verdad.

Tal vez Jennifer se casaría, pero nunca sería capaz de disfrutar de la relación sexual en el matrimonio de la forma que Dios había previsto. Todos estos "tal vez" son locuras. Ellos no abordan o resuelven el problema. Más bien perpetúan la falsa creencia de que las cosas no pueden ser diferentes. Si esto es algo que lo afecta en lo personal, prométame una cosa. Mañana usted va a llamar a alguien y dar el primer paso para obtener ayuda. Si no lo hace, continuará dándole poder a su abusador. No haga eso. Detenga la locura y reciba el poder transformador que Dios puede darle. Él tiene más para usted de lo que puede imaginar.

Enfrenten las locuras juntos

Las locuras vienen en todo tipo de forma. Algunas personas son muy volátiles, mientras que otras no lo son. La elección de la iglesia a la que la pareja decide asistir puede causar fricción. Uno de mis casos mantenía latente la posibilidad de locura en este ámbito, pero fue necesario un cambio en las circunstancias de vida para sacar el asunto a la luz.

Brian y Laura habían estado casados durante cinco años cuando me reuní por primera vez con ellos en mi oficina. Eran una pareja llamativa, y se sentaron uno cerca del otro en el sofá. Ese tipo de lenguaje corporal es por lo general una buena señal en mi oficina, ya que las parejas con problemas a menudo se sientan tan lejos el uno del otro como sea posible.

Brian y Laura me contaron su historia. Después de conocerse en el trabajo, salieron por alrededor de un año y medio y luego se casaron. Seis días de cada semana su matrimonio era casi perfecto, pero cuando llegaba el domingo, las cosas estaban lejos de serlo.

Brian había crecido en una iglesia episcopal, mientras que Laura se había criado siendo bautista. Ellos pensaron que sus creencias no los separarían, pero nunca habían podido resolver a qué iglesia asistir juntos. Me explicaron un poco cómo fue su experiencia. Al inicio de su matrimonio intentaron hacer concesiones. Ellos asistieron a la iglesia que eligió Brian un domingo y a la iglesia de Laura el domingo próximo. Esto funcionó bastante bien durante un año más o menos.

Brian estaba contento, pero Laura deseaba más. Quería sentirse más conectada a una iglesia y no creía que podría lograrlo yendo de un lado a otro cada semana. Laura se sorprendió cuando Brian estuvo de acuerdo, pero no estaba muy entusiasmada con la solución que propuso: ella iría a su iglesia y él iría a la suya. De esta manera ambos podrían participar más en la iglesia a la cada uno quería asistir.

Laura aceptó de mala gana.

Así que durante los próximos dos años siguieron el plan de Brian. Asombrosamente, Laura de cierto modo se acostumbró a la idea. Si había un gran evento en cualquiera de las dos iglesias, asistían juntos. Compartían las notas de los sermones entre sí, y Brian pensaba que tenían lo mejor de ambos mundos.

Lo que en realidad nunca fue resuelto había parecido funcionar para los dos. Sin embargo, no iba a dar resultado cuando la familia creciera. Laura quedó embarazada y un montón de preguntas comenzaron a surgir en su mente. Una de ellas era a qué iglesia asistiría la familia. Finalmente, después de mucha reflexión y oración, ella le comentó el asunto a Brian. Este era un tema que nunca le había cruzado a Brian por la mente y no lo consideraba un problema.

Entonces comenzaron las dificultades. Laura se mostró inflexible. Tenían que asistir a la iglesia juntos como una familia. Brian estuvo de acuerdo en teoría, pero aun así no estaba dispuesto a ceder. Las siguientes semanas fueron tensas, por decir lo menos. Las conversaciones eran concisas y escasas. Finalmente acordaron ir a ver a un consejero, pero no tenían la esperanza de que se pudiera hallar una solución.

Mi creencia es que un matrimonio tiene que estar centrado en Dios. ¿No es algo que tiene sentido que el propio autor del matrimonio muy probablemente tiene el mejor plan para un matrimonio? Creo que hay un gran valor en que un esposo y una esposa asistan a la misma iglesia juntos de forma regular, ya que esta es una de las maneras que Dios ha provisto para que nos acerquemos más a él y a los demás. Esta no es la solución a todos los problemas del matrimonio, pero seguro que ayuda mucho.

He aconsejado a parejas que no van a la iglesia, parejas en las que uno va y el otro no, parejas que van a iglesias separadas, y parejas en las que ambos adoran juntos un domingo tras otro en la misma iglesia. Según mi encuesta no científica, las parejas que adoran juntas semanalmente en la misma iglesia tienen mejores matrimonios que las que han llegado a cualquier otro tipo de acuerdo.

Mientras estaba sentado con Brian y Laura, les hice muchas preguntas acerca de lo que a cada uno le gustaba de la iglesia a la que asistían y lo que no les gustaba de la iglesia del otro. Esto resultó más complicado de lo que pensé, porque ambos tenían muchos puntos en sus listas. Luego les pedí que mencionaran algunas iglesias a las que asistían sus amigos que ellos consideraban que eran buenas.

Entonces vino el desafío. Les pregunté si podrían confiar en mí para hacer un experimento. Ellos me miraron y luego se observaron el uno al otro, se rieron y dijeron que sí. Les di una relación de tres iglesias diferentes a las que habían estado asistiendo y les expliqué que pensaba que cada una de ellas cumplía con muchas de las cosas que les gustaban de sus listas y no mostraban ningunos de los aspectos que les disgustaban. Ellos también tenían amigos en cada una de esas iglesias.

Les pedí que visitaran cada una tres veces durante los siguientes nueve domingos. Al final de las nueve semanas, elegirían una iglesia y comenzarían a asistir allí. Esa sería su nueva iglesia.

Entonces ocurrió algo curioso. Ellos se miraron de nuevo el uno al otro, asintieron y dijeron que estaba bien. Honestamente, nunca había intentado este proceso antes, pero yo soy bueno resolviendo problemas, y creo que Dios siempre tiene una respuesta para nosotros.

La semana antes de que el bebé naciera, Brian y Laura vinieron a verme de nuevo. Habían elegido una nueva iglesia y les encantaba. Ellos decidieron visitar cada iglesia una vez. Después de una ronda y mucha oración JUNTOS, supieron sin duda alguna a dónde deseaban ir. Dios hizo que fuera perfectamente evidente para los dos.

Yo estaba bastante seguro de que eso sucedería. Dios nos quiere en la iglesia, nos quiere unidos, y Él no es un Dios de confusión. Así que no iba a llevar a Brian por un camino y a Laura por otro. La locura se había detenido. Brian, Laura y Dios trabajaron juntos y encontraron una solución que trajo la sanidad a su matrimonio.

Su turno

Cada pareja tiene sus locuras. A medida que leía sobre Richard y Lisa, usted puede haber pensado que nadie comete los mismos errores una y otra vez. Le aseguro que esto es así. Si más de la mitad de los primeros matrimonios terminan en divorcio, ¿cree que las estadísticas para los segundos matrimonios resultan mejor? No. Son peores. He aconsejado a personas en su sexto matrimonio. Si no detenemos la locura, repetiremos el mismo patrón una y otra y otra vez. Richard y Lisa no vivieron en un inicio a la consejería para obtener ayuda; ellos ya se habían dado por vencidos. Sin embargo, después de meditarlo bien, decidieron darse una oportunidad más.

Cuando Nancy y yo nos casamos siendo jóvenes, no teníamos idea de lo que era el matrimonio realmente. Cometimos un montón de errores. Discutimos mal, teniendo peleas injustificadas. Nos amenazamos con el divorcio y estuvimos a un paso de terminar todo luego de siete años. Incurrimos en innumerables desatinos, pero a través de toda nuestra locura hicimos una cosa bien. Una cosa que fue determinante por completo: oramos juntos.

Fuimos honestos con Dios y mutuamente en cuanto a nuestras locuras, y Él honró eso de una manera poderosa. Sanó nuestras locuras y nos libró de la montaña rusa de nuestras insensateces. Muchos de ustedes provienen de familias de orígenes muy disfuncionales, como le sucedió a Michael. Su normalidad no era normal, pero él no lo sabía. La fuente de esto puede encontrarse en uno de sus padres o ambos, o en un hermano. La lista de disfunciones parece no tener fin. Sin embargo, tenemos una opción. Podemos continuar con el patrón o romperlo. Michael, por ejemplo, simplemente permaneció fuera de casa mientras era un adolescente, pero si quería disfrutar de un matrimonio saludable siendo un adulto, tenía que enfrentar las locuras que vio en el hogar donde creció. Tuvo que dar una gran cantidad de pasos. Sin embargo, Dios tenía una mejor vida para él, sin las locuras.

Y por último, si usted es realmente una víctima, eso no quiere decir que está condenado a permanecer atrapado toda su vida en ese papel. Eso sería una locura. Confíe en mí en cuanto a esto. Las respuestas y la sanidad se encuentran donde nunca pensó que pudieran estar. Si no se siente amado, hay amor eterno y aceptación. Si se siente quebrantado, puede hallar la plenitud. Jennifer dio el primer paso y hoy es una persona diferente. Se trata de su decisión, y solo puede dar el paso número uno, pero le prometo que si lo hace, nunca se arrepentirá. Hágalo hoy y nunca mire hacia atrás.

No se conforme con una solución superficial como Brian y Laura lo hicieron al asistir a diferentes iglesias. Al igual que muchos de nosotros, ellos establecieron un arreglo temporal. La locura pareció detenerse, pero solo fue por un breve período de tiempo. No se resigne. Resuelva el problema. Consiga ayuda. Hable con alguien. Es una locura no hacerlo. Continúe hasta encontrar una solución como ellos finalmente lo hicieron.

> ## *Considere algunas preguntas y pensamientos conmigo:*
>
> - ¿Dónde se encuentra su matrimonio hoy en día?
> - Si lo califica en una escala del uno al diez, con diez siendo lo mejor, ¿dónde lo situaría?
> - ¿Cómo lo compararía con el estado en que se encontraba hace un año o cinco años?
> - ¿Dónde quiere que esté el año que viene?

Una de las cosas que Nancy y yo hicimos mal fue que identificábamos los problemas, hablábamos de cómo queríamos que las cosas fueran diferentes, y luego no hacíamos nada. El tiempo pasaba y las cosas parecían mejorar, pero luego las locuras sin solucionar salían a la superficie de nuevo. Y cada vez que resurgían, permanecían más tiempo y eran más feas, un ciclo que destruía el matrimonio.

Hay siete secretos para un matrimonio increíble en este libro. Cada uno es único y se destaca por sí mismo, pero en conjunto, tienen el poder de

El primer paso es siempre el más difícil, pero nada cambiará hasta que lo lleve a cabo.

cambiar por completo su relación de como es ahora. No puede avanzar al secreto dos hasta que se ocupe del secreto uno.

Si usted está o ha estado alguna vez involucrado en cualquier tipo de programa de doce pasos, entiende el proceso. El primer paso es siempre admitir que tiene un problema, ya sea que se trate del alcohol, las drogas, el sexo, los juegos de azar o lo que sea. Hasta que la persona admite que las cosas están fuera de control y no puede hacer nada al respecto, la sanidad nunca tendrá lugar.

Bienvenido al primer paso del proceso requerido para tener un matrimonio increíble. Este paso es cierto sin importar en qué estado se encuentre. Ya sea que esté casado, divorciado, soltero o en alguna otra condición, usted tiene un problema. Posee sus propias locuras, y sin intervención, las llevará a sus relaciones y nunca será capaz de vivir el plan de Dios para su matrimonio. Donde quiera que esté, reconozca que tiene un problema. Y dele la bienvenida de nuevo al primer paso para tener un matrimonio increíble.

Quizás alguien esté pensando que no estoy hablando de él, pero he aquí la verdad simple: estoy hablando de mí, de usted y de todo el mundo. No podemos vivir en este mundo de hoy sin tener algunas locuras. Por supuesto, algunas son peores que otras, pero todos las tenemos.

> ## *Asuma este desafío:*
> Aparte un poco de tiempo a solas. Lleve consigo un cuaderno, un bolígrafo y su Biblia. Asegúrese de que hay tranquilidad y nada lo distrae. (Apague la televisión.) Pídale a Dios que lo guíe y le muestre las locuras en su vida. A continuación, anótelas. Escriba cualquier cosa que le venga a la mente. Si Dios le pide que abra la Biblia y la lea, hágalo. Luego pídale a Dios que le muestre cómo esas locuras están afectando tanto a su persona como a sus relaciones.
>
> Si está casado, coméntele a su pareja lo que ha aprendido, y luego comprométase a dar cualquier paso necesario para librar su vida y su matrimonio de esas locuras. Esto puede representar un punto de inflexión en su matrimonio. Puede detener la locura y darle una esperanza que nunca tuvo antes.

El primer paso es siempre el más difícil, pero nada cambiará hasta que lo lleve a cabo. Cualquier cosa que se interponga en su camino no vale la pena. Detener la locura es el primer secreto, y hoy es el momento de aceptarlo.

COMIENZO

La práctica de poner a Dios primero y a nuestro cónyuge en segundo lugar

La vida era bastante buena para mí mientras crecía, es decir, hasta que llegué a la pubertad. Los padres de mi papá vivían en una granja pequeña, y ese era mi sitio favorito en el mundo. Este era el lugar donde pasaba la mayor parte de los días de verano cada año. La escuela, los libros y el tener que estudiar no se asomaban por el horizonte. Tenía todo lo que necesitaba. Había un caballo para montar, cerdos que alimentar, huevos que recoger y cultivos que cosechar. A pesar de lo mucho que me encantaban los días, las noches eran realmente especiales. Mi abuelo (Pop) y yo nos tumbábamos uno al lado del otro en nuestras dos hamacas mirando a las estrellas. Era algo mágico. El cielo estaba muy oscuro y las estrellas relucían brillantes. Sabía acerca de Dios, ya que desde tan remotamente como podía recordar nuestra familia siempre había ido a la iglesia, sin embargo, mi primera verdadera conciencia de la grandeza de Dios la obtuve en esas noches de verano. No podía captarlo por completo en mi mente, pero sabía que este Dios era muy grande, y de alguna manera empecé a ver que Él se preocupaba por mí.

Pop desempeñó un gran papel en este proceso a medida que me enseñaba acerca del amor incondicional. Sin importar lo que hiciera, él me amaba, y eso hizo que quisiera devolverle el mismo amor y hacer las cosas que quería que yo hiciera. Esta relación increíble tuvo un gran impacto en mi vida.

Pop fue uno de esos cristianos que nunca fue por ahí diciéndole a la gente que era cristiano. No tenía que hacerlo. Era algo evidente por la forma en que vivía su vida y trataba a las personas. Por supuesto, si tenía la oportunidad, le hablaba a la gente acerca de Jesús, pero la mayor parte del tiempo vivía como pensaba que a

43

Jesús le gustaría que lo hiciera. A una edad muy temprana, decidí que yo quería vivir así también.

Tal vez uno de los mayores atractivos de la granja era el hecho de que resultaba bastante fácil hacer lo que creía que Dios deseaba que hiciera cuando estaba allí. No había un maestro para obligarme a hacer cosas, o niños molestándome, o padres haciéndome comer alimentos que eran buenos para mí. Mis días y noches estaban colmados de todas las cosas que quería hacer. Recuerdo haber pensado mientras me hacía mayor que deseaba que el tiempo se detuviera. Los niños de mi cuadra en casa estaban creciendo y no me gustaba lo que veía. Si solo pudiera continuar teniendo once años y estar en la granja para siempre, pensaba que la vida no podría ser mejor.

Solía pensar en Adán, el primer hombre de la Biblia. Dios lo puso en este jardín perfecto y lo amó incondicionalmente. Me gustaba la historia y pensaba que Adán y yo teníamos algunas cosas en común. Él tenía el jardín y yo tenía la granja. Las cosas eran buenas en la granja para mí, y las cosas eran buenas en el jardín para él. Los dos teníamos a alguien que nos amara incondicionalmente. Me preguntaba si Adán siempre quería que las cosas simplemente se detuvieran al igual que yo lo deseaba. Sin embargo, descubrí que había una gran falsedad en lo que respecta a querer que las cosas se detengan. No lo han hecho ni lo harán. Yo crecí y Adán comió la manzana.

El verano en que cumplí doce años me encontré pasando solo la mitad de mis días en la granja. Tenía amigos que querían que fuera al lago con ellos, y había una chica nueva que se mudó a la misma calle de mi casa. Todavía amaba la granja, pero me estaba empezando a gustar mi otra vida también. Para el verano en que tenía trece años, la granja fue relegada a solo un par de viajes durante el fin de semana. Estaba creciendo y mis intereses cambiaban; seguir a Dios se estaba volviendo mucho más difícil también.

Las cosas igualmente cambiaron para Adán. Esta mujer, Eva, llegó a su vida, y el plan era que supuestamente debían poner de manifiesto lo mejor de cada uno. Dios los unió y los colocó en este paraíso extraordinario y agradable. El plan funcionó durante un tiempo, pero luego las cosas se arruinaron. Eva escuchó una mentira y comió un pedazo del fruto que Dios les dijo que no comieran, y luego se lo dio a Adán y él comió también. Cuando estaban digiriendo el fruto, Dios entró en el jardín, y Adán se dio cuenta de que su tiempo en el jardín había terminado. Esa cosa del fruto que parecía una buena idea en ese momento ya no lo era. Si Adán y Eva pudieran hacer las cosas de nuevo, ¿cree usted que aprovecharían la oportunidad? Sé que yo lo haría. La necesidad de aprovechar las segundas oportunidades se hizo evidente para mí mientras atravesaba la escuela media y secundaria. Como Adán y Eva, me estaba alejando de Dios. Escuché a la gente que no debí haber escuchado e hice cosas que no debería haber hecho. Y a menudo me encontré en problemas al igual que Adán y Eva.

Adán y Eva probablemente pensaron que Dios había perdido la confianza en ellos. Quizás se preguntaron si alguna vez escucharían a Dios de nuevo. Mientras consideraba mi vida, yo tampoco estaba seguro de lo que Dios pensaba de mí. Intenté ponerme en contacto con Él de vez en cuando, pero por lo general no perseveré lo suficiente para ver si estaba allí o no. Había pasado mucho tiempo desde que yaciera en una hamaca en medio de la noche oscura mirando las estrellas.

¿Ha tenido un momento como ese en su vida? ¿Ha experimentado un tiempo en que Dios parecía tan lejos que usted no tenía ninguna esperanza de estar en contacto con Él de nuevo? Parece que esas son las ocasiones en que lo vemos mostrarse. Justo cuando pensamos que Él se ha ido, no lo ha hecho. Justo cuando creemos que ha renunciado a nosotros, nos damos cuenta de que no es así. Este Dios de la creación es un Dios de amor.

> **Justo cuando creemos que ha renunciado a nosotros, nos damos cuenta de que no es así. Este Dios de la creación es un Dios de amor.**

A menudo cuando nuestras noches son más oscuras es que Él resplandece más brillante. Adán y Eva salieron del jardín. Parecía que todo estaba perdido, y entonces Él se presentó de nuevo. Ellos no se encontraban en el paraíso, pero la vida seguía y Dios se hallaba con ellos. Tuvieron un niño y luego otro. Se ocuparon de la tierra en que vivían ahora y esta prosperó.

Una generación llevó a la otra, y un montón de bebés varones nacieron hasta llegar a este niño llamado Jesús. Dios llegó hasta nosotros y arregló las cosas. Él estuvo allí para Adán y Eva, y está ahí para usted y para mí. No importa lo lejos que nos hayamos desviado, Dios nos ha dado una forma de regresar a Él. El árbol de la familia de Jesús va todo el camino de regreso hasta Adán y todo el camino hacia adelante hasta usted y yo. Asombroso, ¿no es así?

Piense en esto. Dios creó todo...incluso a nosotros. Él también creó el matrimonio. Ahora bien, esta es la parte buena. Así como Dios tiene un plan perfecto para su vida comenzando con el día en que usted fue concebido, también tiene un plan perfecto para su matrimonio...comenzando en el altar.

Llevo mi auto al concesionario cuando necesita servicio, ya que allí lo conocen bien. El auto es uno de los suyos. Ellos saben lo que permite que funcione mejor, y entienden lo que necesita cuando no está trabajando bien. Usted puede obtener asesoramiento en cuanto a su matrimonio de innumerables fuentes, sin embargo, ¿por qué ir a otras fuentes cuando puede acudir a la Fuente? Al igual que mi distribuidor sabe de mi coche, Dios sabe del matrimonio. Lo conoce al derecho y al revés, de punta a cabo. Incluso tiene un plan único para usted, ya que cada matrimonio es único. Él sabe exactamente lo que tanto usted como su cónyuge necesitan, y sabe exactamente lo que necesita su matrimonio.

Eso resulta más que impresionante. ¡Limita con lo milagroso! Así que usted tiene una elección. Puede hacer las cosas a su manera e ignorar a Dios, o puede acudir a Él y seguir su plan para su vida y su matrimonio. La decisión es suya. Podemos aprender de los errores que Adán y Eva cometieron, o podemos repetirlos una y otra vez. Decídase por usted mismo o por Dios. A lo largo de toda mi vida no siempre he elegido poner a Dios en primer lugar, pero hoy lo hago. Elijo a Dios.

¿Qué elegirá usted?

¿Tiene en realidad algo que perder si elige a Dios? Si estoy equivocado, solo habrá perdido un par de días que probablemente hubiera perdido de todos modos, pero si estoy en lo cierto, usted puede tener una vida y un matrimonio mejores que cualquier cosa que pudiera imaginar. Es su turno en el juego. Se trata de su elección. ¿Qué va a elegir? ¡Es hora de empezar!

Ponga a Dios en primer lugar mediante la oración

En nuestra noche de bodas, Nancy y yo nos arrodillamos junto a la cama en nuestra *suite* nupcial y oramos. No lo sabíamos entonces, pero esa noche comenzamos a establecer las bases de una oración regular juntos que ha causado un impacto indescriptible en nuestro matrimonio. La oración conjunta ha sido literalmente el pegamento que nos mantiene unidos a través de una tormenta tras otra.

Me gustaría poder decir que yo planeé esa primera oración, pero no lo hice. La idea de orar en nuestra primera noche como marido y mujer fue de Nancy. En apariencia yo estaba orando, pero en mi interior me estaba diciendo que no podía esperar a terminar con el asunto y seguir adelante con nuestra noche de bodas juntos. Yo no estaba allí espiritualmente, sin embargo, ¿sabe de qué me percaté más tarde? De que Dios sí estaba presente y honró mi débil intento de conectarme con él.

Nancy había dedicado mucho más tiempo a pensar en el matrimonio que yo. Una mujer sabia le había advertido de la importancia de que un esposo y una esposa oraran juntos en el matrimonio. Nancy tomó en serio sus palabras y durante los años de nuestro matrimonio nos hemos arrodillado juntos a los pies de la cama casi todas las noches en oración.

Mirando hacia atrás, he aprendido mucho acerca de un esposo y una esposa orando juntos de manera regular. Hay algo acerca de la regularidad. Algunas noches me siento conectado a Dios y Nancy, y otras noches me siento distante. Algunas noches no puedo esperar para orar con ella, y otras no me podría importar menos. Si obedeciera a mis sentimientos, nuestras noches de oración en el matrimonio estarían más cerca de veinticinco por ciento que de noventa y cinco por ciento. No se trata de si tengo deseos de hacerlo o no. Más bien, se trata de buscar constantemente a Dios juntos y poner nuestra vida juntos delante de él. Creo firmemente que hay poder en la constancia. No es que Dios tenga un marcador en el cielo que registra las oraciones como si fueran puntos, sino que permanecer arrodillados juntos una noche tras otra nos da la oportunidad de poner todo problema, preocupación, alegría y tristeza ante el Señor.

Hemos visto a Dios responder a nuestras oraciones más veces de las que cualquiera de nosotros podría contar. Algunas respuestas fueron dramáticas. Algunas fueron simples. Algunas fueron un "no", pero Él siempre estaba allí. Nos sentimos como un equipo: yo, Nancy y Dios. Juntos hemos descubierto que somos invencibles.

No obstante, a veces orar juntos fue mucho más que una rutina. A veces se convirtió en una línea salvadora de vida...como después del nacimiento de nuestro hijo. Habíamos estado casados por cinco años y medio, y esperábamos con gran expectativa ese momento. Las cosas parecían ir bien en nuestro matrimonio, ahora éramos una familia.

Sin embargo, el próximo año no fue lo que quería o esperaba que fuera. Nancy y yo nos distanciamos. Experimentamos el patrón normal que a menudo tiene lugar cuando llega un bebé. Me sentí un poco dejado a un lado. Muchas noches los dos estábamos cansados y a menudo irritables, y al repasar lo sucedido vimos que había algunos problemas con los que evitamos lidiar que ahora estaban saliendo a la superficie. Uno de ellos era que nos subestimábamos el uno al otro. Así que peleábamos más y no lo hacíamos bien.

La cercanía que ambos apreciábamos tanto llegó a ser algo distante y efímero. Hablamos mucho sobre ello, pero las conversaciones causaban más mal que bien. Me enojaba, y ella sabía que no estaba escuchando lo que me decía. Nunca pensé que podríamos separarnos, pero una noche después de una pelea difícil Nancy me dijo que pensaba que podríamos necesitar una separación o el divorcio. Me explicó que estaba confundida y no pensaba que en realidad quería el divorcio, pero simplemente no era feliz. Me quedé sin aliento. Sentí un dolor que nunca había experimentado antes. No sabía qué hacer. No quería perderla a ella ni a la familia que tanto habíamos esperado tener. Así que oré y Nancy también oró. Oramos juntos e individualmente. Le pedimos ayuda a Dios para que hiciera por nosotros lo que no podíamos hacer por nosotros mismos. Me pregunté qué haría Dios. ¿Actuaría de alguna manera? Nunca había tenido dudas de eso en el pasado, pero de repente no estaba seguro.

Nancy ha encontrado siempre buenas mujeres para que sean mentoras en su vida. En este momento de crisis en nuestro matrimonio buscó el consejo de una señora mayor de nuestra iglesia. Nancy acudió a esta dama con una historia de una "amiga" que tenía dificultades en su matrimonio.

La historia que Nancy contó era la nuestra, presentada como si fuera la de otras personas. Sin embargo, esta mujer sabia no se dejó engañar, como le dijo a Nancy años más tarde. Su consejo para Nancy fue este: "Dígale a su amiga que no se rinda. Dígale que no termine su matrimonio basándose en sus sentimientos, porque estos van a cambiar de vez en cuando. El matrimonio es un compromiso para toda la vida. Dígale que ame a su esposo y que ponga a Dios primero".

Nancy y su "amiga" le dieron las gracias, y ella siguió el consejo que esta mujer de Dios le había dado para su vida.

Usted puede estar hoy en el mismo lugar que Nancy estuvo hace años. Comenzó su matrimonio con esperanzas y sueños que ahora parecen destrozados. Muy en su interior odia la idea del divorcio y el dolor que produce, pero también sabe que no puede seguir viviendo en su matrimonio a menos que algo cambie. Es ahí donde nos encontrábamos. Al mirar hacia atrás a los años de nuestro matrimonio, la mayoría de los recuerdos son muy buenos, pero este tiempo de nuestras vidas todavía conserva una oscura nube negra sobre él. El nudo en mi estómago estaba allí todo el tiempo, e incluso mientras escribo esto puedo sentir ese nudo formarse de nuevo.

Hubo tres cosas que creo que fueron determinantes para nosotros. En primer lugar, Nancy buscó el consejo sabio de una mujer cristiana muy fuerte. En segundo lugar, en medio de todo el dolor tenía que dejarla ir si ella lo necesitaba. No podía manipularla para que se quedara. Ella permaneció a mi lado porque tomó esa decisión. En tercer lugar, ambos buscamos a Dios y literalmente dejamos que nos guiara paso a paso a través de esta oscuridad. No fue una solución rápida, pero con el tiempo nuestro matrimonio comenzó a crecer de nuevo, y juntos enterramos la palabra divorcio para siempre.

A través de los años ha habido muchas otras tormentas en nuestra vida. Algunas llegaron porque estábamos arruinando nuestro matrimonio y otras provinieron del exterior. Todas estas tormentas sacudieron nuestro barco, pero nunca lo hicieron zozobrar. Hemos aprendido a navegar a través de ellas y también aprendimos que del otro lado siempre las aguas están tranquilas de nuevo. El hecho de que permanecimos orando constantemente tanto durante los buenos como los malos momentos fue determinante. Incluso cuando no nos sentíamos con ánimo de orar, lo hicimos. Hubo algo en esa regularidad que logró un gran cambio. Se nos ha enseñado a poner a Dios primero. Se nos ha enseñado que Él siempre tiene una respuesta para cada problema. Esto nos dio esperanza cuando el mundo nos dijo que no había ninguna. Si no hubiéramos hecho de la oración una parte constante de nuestra vida juntos, las probabilidades de haberlo logrado no habrían sido buenas.

Orar juntos todas las noches nos animó a resolver lo problemas o al menos nos dio una tregua antes de la hora de la oración. ¿Y qué hay sobre usted? ¿Con qué frecuencia usted y su cónyuge oran juntos? Probablemente no muy a menudo. Una encuesta afirma que menos del ocho por ciento de las parejas cristianas oran con regularidad juntas.[1] ¿No es increíble? Es decir, como cristianos debíamos saberlo mejor que nadie. Hay poder en la oración. El Creador del universo nos presta su atención y nosotros fracasamos en lo que respecta a hablar con Él.

Si está orando con su pareja, no se detenga. No permita que nada se interponga en el camino de esta rutina. No obstante, si no está orando en conjunto con su pareja, no deje que nada impida que comience esta importante práctica.

El Dios que cambia los corazones

Cuando las parejas vienen a verme para recibir consejería matrimonial, por lo general tienen una agenda. Me explican cuál es el problema y me piden que lo solucione. ¿Adivina qué? Las cosas no funcionan de esa manera. Ayudar a una pareja a mejorar su matrimonio implica un proceso. Yo los ayudo a identificar el problema real. Juntos exploramos algunas soluciones y encontramos una que parezca funcionar. A continuación, la ponemos en práctica y luego la evaluamos juntos. Este proceso por lo general funciona, pero si quiero capacitarlos para delegar en ellos la tarea (lo cual es mi objetivo con cada pareja), resulta necesario hacer mucho más.

La mayoría de nosotros puede hacer cambios para mejorar las cosas al menos por un corto plazo. Sin embargo, el cambio a largo plazo resulta diferente. Implica un cambio de corazón, ¿y quién mejor para cambiar un corazón que Dios?

Marcos y Patricia eran una pareja atractiva. Habían estado casados por siete años y tuvieron dos hijos. Ambos trabajaban, aunque descansaban los mismos días durante el fin de semana. El dinero era escaso, pero no tenían deudas. Yo era su cuarto consejero. Les pregunté acerca de sus experiencias anteriores en la consejería, lo que les gustaba y lo que no. En su mayor parte, les agradaron los otros consejeros y pensaron que habían sido útiles.

Les pregunté por qué acudieron a mí en lugar de regresar a alguno de los otros consejeros. Su respuesta no fue la que esperaba. A pesar de que cada consejero los **El cambio a largo plazo resulta diferente. Implica un cambio de corazón, ¿y quién mejor para cambiar un corazón que Dios?** había ayudado a atravesar el problema actual que enfrentaban, ellos no parecían romper con los patrones que causaron los problemas en su matrimonio. Sentían que estaban en un ciclo de tener un problema, solucionar el problema, disfrutar de un tiempo de paz, y experimentar un problema de nuevo. "¿No hay algo que podemos hacer para romper este ciclo?".

Les respondí con cuidado. Mi respuesta fue que sí. Sí había algo que pudieran hacer. Podrían dejar que Dios cambiara sus corazones. Las personas siempre reaccionan a esta afirmación con miradas curiosas, a pesar de que por lo general no es la primera vez que alguien ha escuchado esa idea. Si son cristianos y han estado en la iglesia durante cualquier período de tiempo, tuvieron que haberse topado con ese concepto. Suena bien. Ciertamente suena "espiritual". El problema es que la mayoría de nosotros no tenemos ni idea de cómo lograrlo, y todos tenemos barreras que se interponen en nuestro camino.

Pasos de acción

Permitir que Dios cambie nuestros corazones implica un sencillo proceso de tres pasos. Es completar y mantener el cambio lo que a menudo presenta el desafío.

- El primer paso es simplemente admitir que hemos sido egoístas y puesto nuestras necesidades y deseos por encima de los de Dios, detener la locura.
- El segundo paso es hacer el compromiso de poner a Dios primero en todo y buscar su ayuda para llevarlo a cabo.
- El tercer paso es mantener a Dios en primer lugar todos los días durante el resto de nuestras vidas.

¿Lo he confundido? ¿Está usted diciendo: "Pensaba que este era un libro sobre el matrimonio, no un libro acerca de Dios"? Mi premisa es la siguiente: si Dios nos creó a nosotros y al matrimonio, ¿quién sabría mejor cómo hacer que funcione?

El costo de elegir lo incorrecto primero

Cuando tengo un problema con mi auto, ¿qué debo hacer? Lo llevo al concesionario, donde hay técnicos capacitados que saben cómo resolver el problema y hacer que funcione de nuevo. Si el aire acondicionado en mi casa se apaga, llamo a la persona que instaló el sistema para que venga y revise lo que está mal. Él puede diagnosticar el problema y darme una solución. Si hay un problema en mi matrimonio, ¿a quién acudo? La respuesta lógica sería a aquel que lo creó, pero ese es a menudo el último lugar al que vamos. Tratamos de resolver el problema a nuestra manera, y eso simplemente no funciona... al menos no a largo plazo. Los siguientes escenarios demuestran algunas de las formas en que muchas personas intentarán lidiar con las fallas en sus matrimonios a su propio modo. ¿Alguna de estas tácticas le resulta familiar?

Steven estaba enfermo de las peleas. Su esposa era muy crítica con él. Día tras día se molestaba y le echaba en cara todo lo que él debería estar haciendo que no hacía y todo lo que no debería estar haciendo que hacía. La última vez que ella lo había respaldado y animado sucedió hace tanto que no podía recordarlo.

Sin embargo, Betty, que trabajaba en la oficina al otro lado del pasillo, lo escuchaba. Ella parecía admirar a Steven y lo elogiaba por sus logros en el trabajo. A él le gustaba encontrarse con ella en el trabajo y se estaba familiarizando cada vez más con su horario para que pudiera "tropezarse" con ella varias veces al día. Un jueves ellos terminaron encontrándose frente al ascensor a la hora del almuerzo. En el viaje hacia abajo, Steven le preguntó si quería ir a comer con él, y ella aceptó. Empezaron a almorzar juntos casi todos los días. Betty era una buena oyente. Ella lo entendía como pensaba que su esposa no lo había hecho nunca.

Con el nuevo proyecto en la oficina, Steven y Betty se quedaron trabajando juntos hasta tarde un par de veces a la semana. Cenar juntos parecía lo adecuado que debían hacer. Luego fue la cena en el nuevo restaurante en el hotel al otro lado de la calle. Una buena cena. Un poco de conversación íntima y algunas bebidas. Steven fue a la recepción, alquiló una habitación, y él y Betty dieron el siguiente paso.

Sharon, que amaba a su marido, estaba en otra situación. Él era bueno con ella, y no había nada que quisiera que no le proporcionara.

Bueno, casi nada. Había estado muy ausente. Él trabajaba duro, y los dos habían estado de acuerdo sobre el estilo de vida que estaban viviendo. Sharon simplemente no se dio cuenta del precio que pagaría por eso. Su esposo dejaba la casa temprano en la mañana y regresaba a altas horas de la noche. Por lo general, cenaban juntos, pero él estaba tan cansado que conversaban muy poco. Él vio los fines de semana como su tiempo para desconectarse, así que jugaba al golf ambos días. A veces, si estaba lloviendo o el clima era malo, iban a la iglesia, pero eso no era muy a menudo. Por lo general, salían a disfrutar de una buena cena el sábado por la noche y tenían relaciones sexuales cuando llegaban a casa. Él parecía feliz con su vida, pero Sharon no estaba contenta en absoluto.

La madre de Sharon era alcohólica. Sharon nunca pudo entender por qué su madre bebía, pero ahora las piezas empezaron a encajar. Esa era una manera de escapar. Ella hizo un viaje a la licorería. Compró doce botellas de vino, ya que era una oferta mejor, y volvió a la casa y destapó una botella. Tomar una copa en la tarde para distraerse parecía una buena idea, y ella podría controlarlo. Una copa al día. Esa idea de una copa al día duró una semana, luego fueron dos al día y luego una botella diaria. La gente de la licorería pronto supo su nombre y se mostró muy amable con ella. Eran sus nuevos amigos. La vida era mejor.

Desde el primer momento, William estaba decidido a tener un matrimonio diferente al de sus padres. Ellos habían permanecido juntos, pero eran como dos extraños que vivían bajo el mismo techo. No William. No su matrimonio. El suyo sería diferente, y lo fue por los primeros pocos años. Él y su esposa estaban profundamente enamorados y pasaban juntos cada minuto que podían. Su trabajo era exigente, pero él se sentía contento con el statu quo y no necesitaba estar en la posición idónea. Su matrimonio era más importante. William tenía la seguridad de poder romper el ciclo. Le encantaba que fueran solo ellos dos, pero habían acordado tener una familia y era el momento de empezar.

Los próximos cuatro años trajeron tres embarazos y tres bebitas.

Cada una era especial y hermosa, y William se sentía orgulloso como padre. El cambio fue gradual, pero la atención de su esposa se trasladó de William a las niñas. Ella era una gran madre, pero él sentía que estaba perdiendo a su esposa. Si llegaba a casa temprano del trabajo, ella estaba ocupada con las niñas. Si quería hacer el amor, estaba agotada. William se convirtió en un solitario y pensó que su matrimonio empezaba a reflejar el de sus padres. Algo precisaba cambiar, y estaba convencido de que era él quien tenía que resolver las cosas. Se reunió con su jefe y le preguntó sin rodeos lo que se necesitaría para que él se convirtiera en un socio de la firma. Su jefe se mostró eufórico y le dijo a William que sabía que llegaría el día en que él querría alcanzar su pleno potencial. Ellos establecieron un plan de tres años, el cual William estuvo determinado a lograr en dieciocho meses. William se fue a su hogar y le comentó la noticia a su esposa. Ella lo felicitó y se marchó a la cocina para prepararles la cena a las niñas. William fue a su oficina en casa y se sentó delante de su computadora.

Ahora bien, no hay nada malo en que un marido busque mejorar en su trabajo o carrera, pero la decisión de William se veía influenciada por su soledad y frustración en el matrimonio. Básicamente William estaba diciendo: "Si no puedo conseguir satisfacer mis necesidades en mi matrimonio, las satisfaré en mi carrera". William le dio la espalda a su matrimonio y puso todo su empeño en su carrera. A medida que William fue teniendo éxito en su trabajo, su matrimonio continuó fracasando.

A menudo he pensado en el matrimonio como si fuera una autopista. Tenemos un punto de partida y un punto final. El punto de partida es nuestro día de bodas, y el punto final se encuentra cincuenta años o algo así más adelante en el camino. El objetivo no es solo terminar, sino terminar bien. El objetivo es tener y edificar un matrimonio increíble. En esta autopista hay salidas. En realidad, hay un montón de salidas. Las parejas que terminan bien permanecen en la autopista y evitan las salidas. Hay momentos en que podrían plantearse abandonar. El camino se vuelve difícil o hay riesgos. Algunas parejas incluso encienden la luz intermitente como un primer paso para salirse de la vía, pero mantienen el rumbo y dejan atrás la salida.

Steven encontró a Betty y tomó una salida. Sharon comenzó a beber y esa fue la salida que encontró. William se convirtió en socio en dieciocho meses y nunca se dio cuenta de que tomó una salida. Hay todo tipo de salidas. Algunas son destructivas como el alcohol y el abuso de las drogas. Otras no son tan destructivas en sí mismas, pero en última instancia destruyen un matrimonio. Esto nos lleva de vuelta a Dios. ¿Qué tal si Steven hubiera buscado a Dios en lugar de a Betty? ¿Qué tal si Sharon persiguiera a Dios y no al alcohol? ¿Qué tal si William se acercara a Dios en lugar de intentar ascender en su trabajo? ¿Dios hubiera estado allí para ellos? ¿Habrían sido capaces de permanecer en la autopista del matrimonio? Creo que la respuesta es sí, pero en nuestra cultura de hoy en día la mayoría de la gente nunca le da la oportunidad a Dios.

¿Qué hay sobre usted? ¿Está pensando en tomar una salida? Tal vez su luz intermitente está encendida o ya ha tomado una salida con anterioridad. Donde quiera que esté, no es demasiado tarde. Dios está justo donde siempre ha estado y se encuentra listo para ocupar de lleno el centro de su vida. Todo lo que necesita hacer es invitarlo.

Asuma la responsabilidad espiritual en su matrimonio

Pablo y Sara eran jóvenes y recién casados. Habíamos comenzado su asesoramiento prematrimonial un par de meses antes de la boda. Les dije que si no conseguíamos tener todo cubierto antes del día de la ceremonia, continuaríamos cuando regresaran de su luna de miel. El día en que reanudaríamos la asesoría llegó. Eran una pareja extraordinaria y tenía ganas de pasar tiempo con ellos. Ambos fueron niños que crecieron en la iglesia, y su fe había sido parte de sus vidas desde que podía recordar. Ellos asimilaron el concepto de poner a Dios en primer lugar y no dejar que nada ocupara el segundo lugar para cada uno excepto el otro. Así que tenían una gran ventaja.

Con todo lo que he aprendido acerca de la gente a lo largo de los años, todavía me sorprendo con algunas de las suposiciones que hago. Debido a que conocía los antecedentes de Pablo y Sara y un poco acerca de cada una de sus familias, solo traté de manera superficial lo que enseño acerca de buscar a Dios. Después de todo, ambos eran cristianos y había buscado a Dios de manera individual por un largo tiempo. Buscarlo juntos debería ser fácil. Mientras terminaba de explicarles lo importante que era para las parejas orar juntos todos los días, Paul me dirigió una mirada perdida. Luego dijo: "¿Cómo podemos hacer eso?".

No hay una manera correcta de orar. Creo que Dios desea pasar tiempo con nosotros. A Él le importa más que vengamos ante su presencia que la forma en que lo hacemos.

Hasta ahí llegó mi suposición.

Después de hablar con literalmente cientos de esposos, sé que una de las tareas más difíciles que enfrentan los hombres es ser el líder espiritual de sus hogares. Las razones de por qué esto ocurre de manera habitual caen en una de tres áreas. En primer lugar, la mayoría de los hombres se sienten inadecuados. En segundo lugar, pocos han tenido un liderazgo espiritual modelo para ellos. En tercer lugar, muchos consideran que sus esposas son muy superiores a ellos en los asuntos espirituales.

Cuando Nancy y yo nos casamos, pensé que las tres cosas eran ciertas. Así que en esa primera noche de nuestro matrimonio, mientras nos arrodillábamos juntos a un lado de la cama para orar, Nancy me miró y dijo: "¿Te gustaría comenzar?". En mi interior gritaba que no, y supongo que mi rostro estaba transmitiendo el mismo mensaje. Nunca había orado en voz alta delante de nadie. Luego de revisar mentalmente mi repertorio de oraciones (lo cual no me llevó mucho tiempo), terminé con las manos vacías. Nancy sugirió que dijéramos la Oración del Señor juntos. Me había olvidado de esa, pero como me la sabía estuve totalmente de acuerdo. Así que eso fue lo que hicimos. Nos dimos la mano, inclinamos la cabeza, cerramos los ojos y recitamos la Oración del Señor. Pronto le añadimos una oración silenciosa a nuestra rutina. Cada uno de nosotros mencionaba las cosas sobre las que queríamos orar, y luego ambos orábamos en silencio.

Si decide buscar a Dios junto a su pareja a través de la oración (y oro que lo haga), ¿por dónde podría empezar? Es posible que usted tenga una buena idea. Algunos pueden haber estado orando juntos ya, pero si es nuevo en esto, le voy a dar algunas ideas. Es importante recordar que no hay una manera correcta de orar. Creo que Dios desea pasar tiempo con nosotros. A Él le importa más que vengamos ante su presencia que la forma en que lo hacemos. ¿Recuerda a Adán y Eva? La Biblia nos dice que Dios venía todos los días al jardín para pasar tiempo con ellos. Ese es su modelo. Eso es lo que Dios quiere hacer con usted, y debido a que Jesús ha provisto un camino para que nos reconciliemos con Dios, esa relación está a nuestro alcance para establecerla. El primer paso es hacer el compromiso de orar juntos.

Permítame retarlo a que se comprometa a orar con su pareja a diario durante los próximos treinta días. He aquí algunas ideas para usted. No aparecen en ningún orden en particular. Encuentre una con la que ambos se sientan cómodos y póngase en acción. ¡Aquí vamos!

> ## En primer lugar, tres advertencias:
>
> - No importa cuánto tiempo ore. Comience con un minuto y vea qué sucede.
> - No importa si usted ora en silencio o en voz alta. Dios tiene una audición increíble.
> - No importa si está de rodillas, de pie, sentado o acostado en la cama. Solo ore.

Ideas:

- Hablen acerca de las cosas sobre las que quieren orar. Luego oren.
- Tómense de las manos y oren juntos en silencio. Dele un apretoncito a la mano de su cónyuge cuando haya terminado.
- Oren la Oración del Señor juntos (Mateo 6:9–13). Esta es la oración que Jesús nos enseñó y constituye un buen lugar para comenzar.
- Elijan un tema y oren al respecto. Puede orar por su matrimonio, sus hijos, el mundo, o el uno por el otro.
- Encuentren un verso de la Biblia que se adapte a su situación actual en la vida y díganlo juntos.

Cuando Nancy y yo empezamos a orar juntos a partir de nuestra noche de bodas, lo hicimos en silencio y luego repetimos la Oración del Señor al unísono. A mí me funcionó. Podía hacer esta oración. La misma me mantenía en un nivel de oración con Nancy que resultaba cómodo para mí, y realmente creo que desde el principio Dios honró nuestra fidelidad para orar. A menudo, se nos unió y nos permitió estar en sintonía. Orar juntos también suavizó el corazón del uno hacia el otro en los momentos de tensión y conflicto. Me resultaba realmente difícil continuar enfadado con la persona que estaba orando junto a mí. Pensaba que ambas cosas no eran posibles a la vez.

Nuestro siguiente paso fue compartir con el otro nuestras preocupaciones y las cosas que queríamos llevar delante de Dios en oración. Los elementos de nuestra lista cambiaban día a día, semana a semana y año tras año. Orábamos en silencio por nuestro matrimonio, los matrimonios de otras personas, nuestras familias, nuestros hijos, para tener sabiduría como padres, por nuestro pastor, nuestra iglesia, los necesitados y el hambre. Usted capta la idea. Comentábamos el uno con el otro cualquier cosa que estaba en nuestros corazones y luego orábamos juntos en silencio ante Dios.

Fue increíble. Él nos escuchaba y respondía muchas de nuestras oraciones. Nos acercamos mucho a Él y el uno al otro. Entonces, un día Nancy hizo algo que nunca había hecho frente a mí antes. Ella no oró en silencio. Lo hizo en voz alta. Dio un paso que yo había estado reacio a dar. Me encantaban mis zonas de comodidad, y yo estaba en una de ellas al practicar nuestra vida de oración en silencio. Ahora mi esposa había sacudido mi barco. Sabía que solo porque ella hubiera orado en voz alta yo no tenía que hacer lo mismo. Sin embargo, había algo especial en escucharla presentar nuestras preocupaciones comunes ante Dios. Dios estaba haciéndonos crecer en nuestra vida espiritual conjunta con Él. No ocurrió la próxima noche o la siguiente después de esa, pero antes de que pasara mucho tiempo yo también estaba orando en voz alta.

Otras parejas han compartido sus ideas conmigo en cuanto a cómo orar. Algunas escriben sus oraciones y luego las comparten entre sí. Otras oran versículos bíblicos específicos que son aplicables a sus circunstancias. Algunas parejas nunca oran en voz alta. En algunos matrimonios, solo uno ora en voz alta. La conclusión es la siguiente: no se deje atrapar en los detalles…simplemente ore.

Hace algunos años, cuando las vacaciones de Navidad estaban terminando, Nancy y yo hablamos sobre algunas cosas que nos inquietaban. Se trataba de esas cosas que a uno le preocupan, pero sobre las que no tiene control. Había tres que no podíamos eludir. Llegamos al acuerdo de comenzar el primer día del nuevo año orando juntos a fin de que Dios actuara en esas tres situaciones. Sabíamos que si algo ocurría o cambiaba en cualquiera de esas tres circunstancias, sería totalmente por la obra de Dios.

El primero de enero, comenzamos. Fuimos fieles en cuanto a esto y casi no fallamos ni un día. Ahora aguántese de su asiento. Para agosto de ese año, cada una de estas tres oraciones fue contestada por completo. En nuestra mente, Dios había obrado tres milagros. Nosotros oramos, y Él hizo la obra.

Ahora bien, esta no siempre ha sido nuestra experiencia. Algunas veces oramos y la respuesta parece ser no, o más tarde, o que esperemos (lo cual es muy difícil para mí). Sin embargo, sé que Dios siempre escucha nuestras oraciones, y sé que Él siempre hace lo que es mejor para nosotros, y sé que Él siempre es bueno. Puedo vivir con eso. En realidad, puedo regocijarme por eso.

Adore y sirva junto a su pareja

Escuché a Tommy Nelson, de Denton Bible Church, decirle una vez a un grupo de solteros que debían correr tan rápido como pudieran para buscar a Dios, y luego mirar por encima del hombro y observar quién estaba corriendo con ellos. Esa podría ser la persona adecuada para correr con usted. Me gusta eso. Es un gran consejo para los solteros, sin embargo, ¿cómo adaptarlo al matrimonio? Si estoy corriendo tan rápido como pueda para buscar a Dios y Nancy hace lo mismo, ¿no tenemos muy buenas posibilidades de mantenerlo como lo primero en nuestras vidas y nuestro matrimonio? ¿No le parece que pueden llevar a cabo esa búsqueda juntos? Yo lo hago, y sé que eso es lo que Dios quiere. Veamos algunas otras maneras de buscar a Dios juntos.

La adoración es una experiencia conmovedora para muchos de nosotros. A veces ese es un tiempo que nos aparta del mundo. Podemos enfocarnos en Dios y escucharlo. Para mí, un servicio de adoración se ha convertido en una experiencia tanto personal como compartida. Hay ocasiones en que Dios me habla a través de la música, la Biblia y el mensaje.

Me encanta salir de un servicio después de tener un encuentro con Dios. Cuando Nancy está a mi lado cantando las mismas canciones, leyendo las mismas escrituras, y escuchando el mismo mensaje, la unidad espiritual que se produce no tiene precio. Después del servicio, podemos compartir el uno con el otro los conocimientos que hemos adquirido y lo que pensamos que Dios nos estaba diciendo. A veces lo que aprendemos es similar, a veces es diferente; pero vemos que Dios obra en nosotros y nuestro matrimonio. Adorar con su cónyuge es otra manera de buscar a Dios juntos.

Llevábamos solo un par de años de casados cuando se presentó la primera oportunidad de que Nancy y yo sirviéramos juntos. Era Navidad, y la pequeña iglesia a la que estábamos asistiendo hizo el compromiso de proporcionarles alimentos, ropa y regalos a un grupo de familias menos afortunadas. Nancy recogió nuestra lista en la oficina de la iglesia. Nos habían asignado a una madre soltera con tres hijos, todos menores de diez años de edad. La madre había anotado las tallas de ropa de los niños y dado algunas ideas sobre lo que necesitaban.

Un sábado por la mañana nos fuimos de compras bien temprano y lo disfrutamos mucho. Compramos todo lo necesario y luego (en realidad yo) nos volvimos locos con los juguetes. Nuestro carrito de compras estaba lleno y nosotros nos sentíamos muy entusiasmados. Fue la primera vez que nos detuvimos a considerar lo bendecidos que éramos y la alegría que representaba compartir nuestras bendiciones con los demás, y lo estábamos haciendo juntos.

Dios nos enseñó mucho a través de esa experiencia. La misma le dio un sentido diferente a la Navidad. Tuvo que ver por completo con Él en lugar de con nosotros mismos. Tal vez la lección más importante que aprendimos fue que la familia a la que ayudamos nunca supo nuestros nombres y nadie nos felicitó por el gran trabajo que hicimos o nos dijo cuánto nos admiraban. Simplemente nos encontramos con la madre, le entregamos todos los regalos y nos fuimos. Esta es una tradición que hemos repetido año tras año, y servir a los demás juntos nos acerca a Dios y el uno al otro.

Con los años, hemos tenido un montón de oportunidades extraordinarias de servir a Dios como pareja.

Dos veces nos invitaron a una conferencia en Ámsterdam para ayudar a los líderes de las iglesias de los países del tercer mundo. Esa fue una experiencia poderosa, y Dios nos enseñó mucho durante tales viajes. Cada dos semanas Nancy ayuda a servir el almuerzo a un grupo de personas sin hogar en nuestra ciudad. Las pocas veces que he podido servir allí junto a ella han sido gratificantes.

Las oportunidades se encuentran a su alrededor. Ayude a los necesitados, conéctese con Hábitat para la Humanidad u otra agencia de ayuda en su zona. Sirva en su iglesia, o vayan en un viaje misionero juntos. La lista solo está limitada por su imaginación.

Lo principal es empezar y buscar a Dios juntos a través de su palabra escrita. Eso comenzará a vincularlos a los dos juntos con Dios de una manera poderosa.

Servir juntos es una experiencia en la que todos ganan. Como pareja, ayudan a los demás y ayudan a su matrimonio. ¿Que está esperando? Encuentre un proyecto o una necesidad y empiecen a servir juntos hoy.

Estaba leyendo acerca de la baja tasa de divorcio entre las parejas cristianas que leen regularmente la Biblia juntos. Mientras pensaba en todo eso, tuvo mucho sentido para mí. La Biblia es la Palabra de Dios, y nosotros sabemos que transforma vidas. ¿Por qué no los matrimonios? Le comenté a Josh acerca de los beneficios de que las parejas lean la Biblia juntos. Josh tiene veintiséis años y está estudiando para ser consejero. He invertido tiempo en él durante más de un año y me siento emocionado al ver su pasión por ayudar a los demás. La esposa de Josh, Stacy, enseña primer grado en una escuela del centro de la ciudad. Ellos son una gran pareja y se esfuerzan mucho en todo lo que hacen, incluyendo el matrimonio. Josh es brillante y sigue haciendo el trabajo de clase para su maestría. Está fascinado con las estadísticas, y la estadística acerca de cómo la lectura de la Biblia ayuda a los matrimonios captó su atención. Él salió de mi oficina ese día determinado a compartir esta noticia con Stacy y a comenzar a leer la Biblia junto con ella esa noche.

En el momento en que nos encontramos a la semana siguiente me había olvidado por completo de nuestra charla sobre la lectura de la Biblia. Josh se sentó, me miró y luego dijo: "¿Recuerdas esa idea que me diste acerca de leer la Biblia con Stacy? ¿Cómo se hace eso?". Le pregunté qué había pasado y me contó la historia. Durante la cena Josh le comentó la idea a Stacy y ella estuvo de acuerdo en comenzar esa noche.

Cuando se sentaron, Stacy le preguntó por dónde iban a empezar. Josh no tenía idea. Stacy sugirió que dejaran caer su Biblia y comenzaran por la página en que quedara abierta. Había visto eso en la televisión y pareció funcionar bien en el programa. Josh levantó la Biblia y la dejó caer abierta. Allí ante él apareció el capítulo veintiséis del libro de Números, y Josh comenzó a leer todos los nombres tomados en algún censo después de alguna plaga. Es cierto que hay valor en cada verso de la Biblia, pero esto no era exactamente lo que Josh tenía en mente para él y Stacy.

Hay un número de maneras de leer la Biblia juntos. Una de nuestras favoritas es escogiendo entre los muchos planes disponibles en la aplicación You Version Bible [Su versión de la Biblia].[2] Ciertamente, se puede hacer lo que hizo Josh y dejarla caer abierta y comenzar a leer. He conversado con personas a las que les gusta tal idea y sé que Dios les ha hablado de esa manera. También usted puede ir con su pareja a una librería cristiana y elegir un estudio de la Biblia para llevarlo a cabo juntos. Existen muchos tipos diferentes, desde aquellos que se ocupan del asunto del matrimonio hasta los que tratan de casi cualquier tema imaginable.

Hay muchos planes de lectura de la Biblia maravillosos en algunas de las aplicaciones de la computadora y los teléfonos móviles. Algunas parejas eligen leer Salmos o Proverbios juntos. Este año, Nancy y yo estamos siguiendo el mismo plan de lectura a través de la Biblia en un año. Lo hacemos por separado, pero leemos lo mismo cada día y podemos interactuar juntos sobre lo que hemos leído. Lo principal es empezar y buscar a Dios juntos a través de su palabra escrita. Eso comenzará a vincularlos a los dos juntos con Dios de una manera poderosa.

Cuando orar se vuelve difícil

Uno de los grandes misterios del matrimonio para mí es este: si Dios quiere que lo busquemos y cuando lo seguimos juntos nuestros matrimonios mejoran, ¿por qué dejamos de hacerlo?

Robert y Linda estaban decididos a cambiar el curso de su matrimonio. No era un mal matrimonio. No peleaban tanto, y cuando lo hacían por lo general resolvían el problema. Ellos disfrutaban de su tiempo juntos y también encontraban un espacio para sus propios intereses. Ir a la iglesia era una parte de su rutina, y rara vez habían faltado. Cuando su pastor completó una serie sobre el matrimonio, decidieron poner en práctica algunas de sus sugerencias en su vida en común. Comenzarían a orar juntos y luego a buscar oportunidades para servir juntos también.

Encontrar un tiempo para orar juntos fue más difícil de lo que habían imaginado. Robert se iba a la cama antes que Linda cada noche. En las mañanas, Robert ya se había ido en el momento en que Linda comenzaba su día. Durante una semana no hicieron nada, y luego una noche Robert le pidió a Linda que orara con él justo antes de irse a la cama. Ellos oraron juntos todas las noches durante una semana, pero el momento de hacerlo variaba, y eso estaba interfiriendo con los programas de televisión favoritos de Linda. Ella quería establecer una hora fija para orar, y estuvieron de acuerdo en hacerlo cinco minutos después de las nueve. Durante los próximos siete días oraron juntos tres veces. Dos de las noches Robert ya estaba dormido cuando Linda fue al dormitorio a las 9:05 p.m. Una noche Linda estaba absorta en un especial de dos horas por televisión y no se acordó de orar hasta que fue a acostarse tarde. La noche restante ambos lo olvidaron. Orar juntos parecía una buena idea, e incluso alentaron a sus amigos a intentarlo. Sin embargo, sus horarios no funcionaban, por lo que necesitarían ser muy creativos antes de encontrar una solución.

Algunas parejas no tienen ningún problema para establecer un horario y mantenerlo. Jessica y Joseph encajan en esa categoría. Les encantó la idea de orar juntos. En realidad, habían orado juntos esporádicamente durante los tres años de su matrimonio. Ahora lo harían cada día. Juntos, escribieron una lista de peticiones de oración. Ellos decidieron que orarían por eso juntos y no podían esperar para ver actuar a Dios.

Todos parecemos tener nuestras propias expectativas cuando llevamos cosas ante Dios en la oración. Algunos ven a Dios como un gran Papá Noel que concede todos los deseos. Otros se sienten indignos de venir delante de Él y tienen problemas para creer que escuchará sus oraciones, y mucho menos que responderá a ellas. Algunos nos enfocamos en nosotros mismos al orar, mientras que otros tienen problemas para pedir algo.

Mi creencia es que Dios es un padre amoroso que ama que sus hijos acudan a Él en oración. Creo que Dios escucha cada oración que sus hijos hacen. También creo que Él responde todas las oraciones, incluso cuando dice que no o permanece en silencio. Es ahí cuando la gente se confunde. Si la respuesta no va a ser un rápido sí, las personas se preguntan: "¿Por qué orar?".

Cuando Jessica y Joseph comenzaron a orar juntos esperaban un rápido sí, pero este no llegó. Continuaron orando, y aun así tampoco lo recibieron. Después de tres semanas su entusiasmo se desvaneció, de modo que dejaron de intentarlo. Ellos se preguntaban si habían hecho algo mal, obteniendo respuestas vacías.

Nancy y yo hemos dejado de orar juntos muy pocas noches. Unas pocas veces no lo hicimos porque uno de los dos estaba enfermo. En la mayoría de las ocasiones cuando alguno de nosotros viajaba, no las arreglamos para orar juntos por el teléfono. No obstante, hubo algunos momentos en los que no oramos porque estábamos discutiendo. Uno de los aspectos más interesantes de orar juntos con regularidad es el compromiso. ¡Debemos hacerlo todas las noches sin importar lo que suceda! Así que hubo momentos en los que aun enojados honramos nuestro compromiso de orar. A regañadientes, me ponía de rodillas al lado de Nancy, le ofrecía mi mano (o algo así) y comenzaba a orar. ¿Y sabe usted lo que sucedía en el momento en que terminábamos de orar? Ya no estábamos molestos.

Creo que es casi imposible que una pareja se una en oración delante del Dios del universo y se alejen enojados. Simplemente no funciona de esa manera. Así que hablando de las pocas noches que no oramos porque estábamos discutiendo, ¿sabe por qué no oré con Nancy? Porque quería estar enojado y sabía que si orábamos juntos, mi corazón iba a cambiar. ¿Es eso estar enfermo o qué?

Sin embargo, no creo que sea el único. Solo hay que preguntarles a Melissa y Kevin. Ellos querían un mejor matrimonio y decidieron comprometerse a orar juntos. Decidieron cuándo y dónde, y acordaron comenzar esa noche. Durante la cena, Kevin hizo un comentario negativo sobre la comida que Melissa había preparado mientras llevaba su plato al recipiente de la basura para desecharla. No hubo oración esa noche. A la noche siguiente cenaron fuera, así que no surgieron comentarios acerca de la preparación de los alimentos. En el camino a casa, Melissa le pidió a Kevin que fuera con ella a la fiesta de cumpleaños de su hermana el sábado por la tarde. Kevin hizo un comentario rudo acerca de la hermana.

Llegaron a casa, cada uno se fue por su lado y no hubo oración. Las próximas tres noches se desarrollaron situaciones que terminaron en peleas, así que eludieron el tiempo de oración juntos. Mientras permanecían sentados uno al lado del otro en la iglesia el domingo, Melissa y Kevin se dieron cuenta de que ellos peleaban mucho, y sus peleas estaban evitando que buscaran a Dios juntos en oración. Ambos odiaban la situación en que se encontraban y deseaban que las cosas fueran diferentes, pero no lo eran. Salieron de la iglesia y comenzaron a discutir antes de salir del estacionamiento del lugar.

Su turno

Las historias anteriores son solo unas pocas de muchas. Buscar a Dios juntos en el matrimonio requiere tiempo, persistencia y compromiso. Habrá días en los que simplemente no tiene deseos de hacerlo y días en los que se siente frustrado, pero no se rinda. Persevere día tras día, semana tras semana, mes tras mes; valdrá mucho la pena todo el esfuerzo.

Vamos a detenernos un poco y darle un vistazo a algunos de los beneficios que pueden resultar de buscar a Dios juntos. Existe cierta cantidad de estudios que ayudan a confirmar estos puntos. Ellos también reflejan mi experiencia como consejero cristiano durante más de treinta años.

Orar, leer la Biblia, adorar y servir juntos son cosas que contribuyen a que usted y su cónyuge se pongan de acuerdo tanto relacional como espiritualmente. Piense en esto: la oración, la lectura de la Biblia, la adoración y el servicio son todos actividades íntimas y personales. ¡Imagine cuánto pueden fortalecer su matrimonio realizadas en conjunto!

Así que ahora la pregunta es:

¿Qué va a hacer al respecto?

Ninguno de nosotros quiere integrar otra estadística de divorcio. Ninguno de nosotros quiere dejar que nuestras esperanzas y nuestros sueños mueran en el lugar desde el que ningún matrimonio regresa. La imagen del divorcio no es bonita. Nunca lo ha sido. Por supuesto, usted puede divorciarse y empezar de nuevo con otra persona, sin embargo, ¿qué le hace pensar que la próxima vez va a ser diferente? Las estadísticas sobre los segundos matrimonios son peores que las de los primeros matrimonios.[3] La mayoría de la gente repite los mismos patrones destructivos, pero usted no tiene por qué ser una estadística de divorcio. Usted y su cónyuge pueden hacer algo juntos que produzca un cambio duradero. Pueden buscar a Dios juntos todos los días por el resto de sus vidas, y eso mantendrá sus nombres fuera de la página de "estadísticas de divorcio" de su periódico local.

Mire a su alrededor. ¿Cuántas veces ve a Mark y Patricia, Steven y Betty, Sharon, William, Robert y Linda, Jessica y Joseph, o Melissa y Kevin caminando a su lado? Permítame responder por usted. Los ve mucho. Un montón de veces.

Regresemos por un momento a Mark y Patricia. ¿Los recuerda? Ellos eran la pareja que me eligió como su cuarto consejero y les dije que si iban a romper con su ciclo necesitaban un cambio de corazón. Ellos dejaron mi oficina ese día sin ponernos de acuerdo para otro encuentro de seguimiento. Eso nunca es una buena señal. No pensé que les gustara mi respuesta, y fácilmente podrían buscarse al consejero número cinco.

Dios nunca deja de sorprenderme. Definitivamente Él tiene un plan para nuestras vidas, y cuando está listo para obrar, lo hace. ¿Adivina quiénes terminaron regresando a mi sofá seis semanas más tarde? Mark y Patricia. En las seis semanas desde la última vez que nos encontramos, habían sucedido muchas cosas. Ellos visitaron a un consejero número cinco (yo tenía razón acerca de eso). Él solucionó su problema actual, pero no les ofreció nada que pudiera ayudarlos a romper el ciclo. Estaban listos para aprender más acerca de este "cambio de corazón" que les mencioné la última vez que vinieron a verme.

Juntos comenzamos a trabajar a través del primer paso de un cambio de corazón. Les pedí que hicieran dos listas. En la primera lista les pedí que escribieran todo deseo y necesidad que se les ocurriera que representaba un obstáculo entre ellos y Dios. Esta es una parte crucial del proceso. Comenzamos a hacer sus listas juntos, y luego los envié a casa para que terminaran ellos. Les comenté sobre algunas de las cosas que estaban en mi propia lista. Cosas como mi egoísmo y mi orgullo, mi deseo de agradarle a todo el mundo, y las concesiones que había hecho para que esto sucediera. (¡Este no es un tiempo de confesión, así que es todo lo que diré!) La próxima semana trajeron sus listas de vuelta. Me di cuenta al revisarlas con ellos que se habían tomado en serio el proceso, y yo estaba brincando de la alegría en mi interior. No habían compartido sus listas entre sí, de modo que les pedí que lo hicieran. Le pedí a Mark que mencionara una cosa y luego a Patricia, y así pasamos del uno al otro hasta que consideramos cada elemento. Hubo un montón de lágrimas, pausas y vacilaciones, pero lo conseguimos. Luego le dimos esas listas a Dios. Cada uno entregó todas las cosas que estaban bloqueando su relación con Dios y, en última instancia, la relación del uno con el otro. Esto fue algo poderosamente liberador.

¿Qué podría contener las listas de usted y su cónyuge? Piensen en ello y luego oren al respecto. A continuación, comiencen a hacer sus listas. Nuestra tendencia es evitar una o dos áreas, pero esto no funciona hasta que no seamos cien por ciento sinceros. Tómense el tiempo que necesitan. Cuando hayan terminado, compartan sus listas entre sí. Algunos pueden sentirse bien haciendo esto como pareja, mientras que otros pueden querer hacerlo con un pastor o consejero. Solo haga todo lo que sea necesario para completar con éxito el paso uno.

El siguiente paso constituyó una progresión lógica y natural del paso uno. *Poner a Dios primero en todo.* Esto es un compromiso simple, pero el más importante que puede hacer después de pedirle a Cristo que sea su Salvador.

El tercer paso es mantener a Dios primero todos los días por el resto de nuestra vida. Les pedí a Mark y Patricia que pasaran la semana siguiente considerando juntos lo que esos pasos significaban para ellos individualmente y en su matrimonio.

> ## *Pasos de acción*
>
> *Paso uno*: Junto con su cónyuge, hagan una lista de todo deseo y necesidad que se interpone entre ustedes y Dios. Compartan sus listas y luego en la oración entréguenselas a Dios.
>
> *Paso dos*: Comprométanse juntos a poner a Dios primero en todo a partir de hoy. Busquen su ayuda juntos.
>
> *Paso tres*: Comprométanse a mantener a Dios primero en todo cada día durante el resto de sus vidas. Busquen a diario a Dios y oren el uno por el otro.

¿Qué significa para usted poner a Dios primero en todo? Para mí significa que Dios es ahora el filtro a través del cual refino todo. Las grandes decisiones pasan por Dios. Las pequeñas decisiones pasan por Dios. Mis pensamientos pasan por Dios. Él es mi presidente ejecutivo, y diariamente dirijo esa compañía suya que lleva mi nombre. Es un buen acuerdo. La presión ha desaparecido. Él está en control, quiere lo mejor para mí, tiene un plan increíble para mi vida y siempre está presente. Trato hecho.

Poner a Dios en primer lugar todos los días es para algunos un suceso de una sola vez que dura el resto de sus vidas, pero para muchos otros es un proceso que repetimos una y otra vez, día tras día. La mayoría de nosotros hemos estado viviendo con Dios en el exterior durante mucho tiempo. A pesar de que ese no es el lugar donde Dios quiere estar, muchos hemos llegado a sentirnos muy cómodos con el hecho de mantenerlo en esa posición; sin embargo, lo cómodo nunca cambia nada. Para que las cosas cambien, Dios tiene que vivir en nuestro interior, y vivir con Él en el interior es muy diferente. Esto literalmente cambia la vida.

A veces en este proceso resbalamos, a veces caemos, pero necesitamos poner a Dios siempre de nuevo en primer lugar. Esto con el tiempo se vuelve más fácil a medida que empezamos a ver los beneficios de vivir la vida a su manera. A veces me pregunto por qué alguna vez lo he mantenido en el exterior. Hacer las cosas a mi manera nunca funciona muy bien, y llevarlas a cabo a la manera de Dios siempre da resultado. Supongo que puedo ser un aprendiz lento y obstinado en ocasiones.

En su vida y su matrimonio, tome la decisión de poner a Dios primero y luego, con su ayuda, manténgalo en el lugar que le pertenece. A pesar de lo transformador que esto será para su vida personal, la verdad es que poner a Dios primero puede ser igual de transformador para su matrimonio.

Como Nancy y yo hemos descubierto, todos los cambios que Él ha hecho en nosotros y en nuestro matrimonio han sido mejores de lo que podríamos haber imaginado.

Es el momento de decidir de nuevo.

En primer lugar, tiene que tomar la decisión de detener la locura. En segundo lugar, debe optar por seguir a Dios o no. Esto ya se le ha explicado por completo.

Todo lo que necesita hacer es decir que sí, y si esa es su respuesta, lo veré en el siguiente capítulo, donde vamos a aprender cómo conectarnos verdaderamente con nuestro cónyuge.

CONEXIÓN

El arte de escuchar y estar presente

Poner a Dios primero en su matrimonio crea un ambiente para el éxito. Ese es el lugar donde Dios quiere estar, y es así como Él diseñó que funcione. Luego Dios deja en claro que la relación matrimonial representa la segunda relación más importante que tenemos en esta vida. Más importante que aquella con otros miembros de la familia. Incluso más importante que la que mantiene con sus hijos, de lo cual hablaremos más tarde. Mantener nuestro enfoque en Dios establece nuestras prioridades en el orden que necesitan estar. En otras palabras, Él nos diseñó para que nos conectemos unos con otros.

A menudo las parejas que se conectan muy bien mientras están saliendo pueden considerarse a sí mismos unos extraños solo unos pocos años después de su matrimonio. Tom y Sarah se encontraron en esa situación desafiante.

Desde la primera vez que los conocí pensé que eran una pareja especial. Tom y Sarah asistían a una clase nueva de preparación para el matrimonio que yo estaba enseñando. Se destacaron no solo porque se hallaban sentados en la primera fila, sino porque simplemente parecían comprenderlo todo. Ellos vieron el panorama general. Entendieron que un buen matrimonio requeriría mucho trabajo, y ya sabían que Dios tenía que ser lo primero. Siempre se presentaron a la clase temprano y con frecuencia se quedaban después de terminar para hacer preguntas. Recuerdo haberles dicho que si trabajaban tan duro en el matrimonio como lo estaban haciendo a fin de prepararse para el mismo, disfrutarían del matrimonio que ambos querían.

Fue casi siete años después que un día recibí una llamada de Sarah en mi oficina. Me preguntó si me acordaba de ella y Tom, y cuando le respondí que sí, se echó a llorar y dijo que estaban a punto de renunciar a su matrimonio. Ahora bien, he trabajado aconsejando a la gente durante mucho tiempo y nada me sorprende mucho, pero esta llamada de Sarah lo hizo. ¿Qué le había sucedido a esta pareja que al principio parecía en el camino correcto para construir un matrimonio exitoso?

Un par de días más tarde vinieron a mi oficina. Como consejero, observo la comunicación no verbal, ya que el lenguaje corporal puede revelar mucho. Cuando se sentaron en el sofá, Tom lo hizo en un extremo y Sarah en el otro. No se miraron el uno al otro, y la tensión entre ellos era casi visible. Honestamente, si hubieran venido sin identificarse a sí mismos, no estoy seguro de que los hubiera reconocido. No eran la misma pareja que se había sentado en la primera fila de mi clase siete años antes.

Mientras hablábamos y me comentaban sobre los últimos siete años, supe que no habían experimentado ningún suceso importante que alterara el matrimonio. Ninguna aventura extramarital. Nada de pornografía. Ningún abuso. Nada de adicciones. En cambio, vi una serie de pequeños pasos que alejaron al uno del otro durante un largo período de tiempo. Tom logró una promoción y pasó más tiempo en el trabajo y menos tiempo en casa. Sarah tuvo dos bebés, y cuando dejó su trabajo para quedarse en casa, los niños se convirtieron en su prioridad.

Siempre que estaban juntos, el tiempo por lo general se lo dedicaban a los niños, y en el momento en que llegaban a la cama por la noche ambos se sentían agotados. Les pregunté sobre su vida sexual, y no podían recordar la última vez que habían estado juntos físicamente. No había salidas juntos, romance, conexión ni comunicación. El descenso desde la cima de la montaña hasta la base había tomado tiempo, pero ahora se encontraban ahí y no tenían ninguna esperanza de que las cosas cambiaran.

Tom y Sarah habían sido una pareja única antes del matrimonio, pero luego de siete años de casados en el matrimonio, su historia era una que les escuchaba contar a menudo a las parejas que llevaban siete, diez, quince y veinticinco años o más de matrimonio.

La vida pasa, y debido a que dejaron de comunicarse a diario, perdieron la conexión.

Según el diseño de Dios para el matrimonio, como aprendimos en el capítulo anterior, Él quiere estar en el centro. Eclesiastés 4:12 dice: "¡La cuerda de tres hilos no se rompe fácilmente!". Creo que esto se refiere al marido, la mujer y Dios entrelazados con tanta fuerza que no pueden ser separados. Dos cosas le sucedieron a Tom y Sarah. Dejaron de poner a Dios en primero, y dejaron de ponerse el uno al otro en segundo lugar. Simplemente, la cuerda se fue desenredando, y en lugar de luchar por su matrimonio, comenzaron a luchar entre sí.

Conexión versus coexistencia

Si usted ha tenido alguna exposición a los recursos sobre el matrimonio, conoce lo que los expertos afirman una y otra vez que resulta esencial: la comunicación. De las parejas que veo en conserjería, las que realmente se comunican bien y buscan el tiempo para hacerlo constantemente parecen tener buenos matrimonios.

Sin embargo, en toda esta promoción sobre la comunicación, a menudo se ha olvidado algo: la comunicación no significa simplemente hablar. Más bien implica conectarse de una manera especial. Estaba claro que Tom y Sarah, mientras permanecían sentados aparte con frialdad en mi oficina, habían perdido su conexión en algún lugar del camino.

La mayoría de las parejas se comunican bastante bien antes del matrimonio. He visto encuestas que suelen determinar ese número en alrededor de tres horas al día. Por otro lado, hay estudios que afirman que esas mismas parejas luego de unos años de matrimonio pasarán un promedio de cinco minutos al día comunicándose.[1] ¿Qué ocurre? Las razones pueden variar de una pareja a otra, pero la conclusión es que dejamos de hacer de esto una prioridad. Perdemos de vista del diseño de Dios.

Cuando Nancy y yo estábamos en la universidad, empezamos a salir a mitad del primer año escolar de Nancy. En Texas Christian University aún había hora de dormir para las chicas. Eso significaba que las chicas tenían un toque de queda. Para los chicos no era así, pero el sistema funcionaba. Si las chicas estaban dentro de sus dormitorios, los chicos también estarían en los suyos. En nuestros encuentros esperábamos hasta el último minuto antes del toque de queda…más de una vez la encargada de la residencia estudiantil me miró con mala cara mientras me despedía corriendo de Nancy en la puerta justo antes de que fuera cerrada y le echaran llave por la noche. Entonces regresaba de prisa a mi habitación para llamarla por teléfono (era una época anterior a los teléfonos móviles) y conversábamos durante horas. Esto se prolongó durante dos años. Luego nos casamos.

Una vez que comenzamos a vivir juntos, salía a trabajar, volvía a casa, cenábamos, veía la televisión, pasaba un tiempo con Nancy y nos íbamos a la cama. Creo que debido a que pasábamos más tiempo juntos, no teníamos que esforzarnos tanto para comunicarnos. El tiempo de comunicación se redujo. No necesitaba esforzarme a fin de encontrar tiempo para estar con Nancy. Ella estaba allí. Estaba allí en la mañana. Estaba allí por la noche. Dormía a mi lado. Los cambios en nuestros patrones de comunicación fueron tan sutiles que no nos dimos cuenta de que estaban teniendo lugar. Habíamos estado cerca y conectados por un largo tiempo. Nuestra comunicación había sido muy buena. Nancy era mi mejor amiga y yo el mejor amigo de ella. Entonces, luego de unos pocos años de matrimonio, estábamos empezando a sentirnos como extraños.

> **Siempre habrá distracciones en la vida que nos impiden conectarnos. Algunas son buenas y otras no lo son. Algunas son necesarias y otras las elegimos.**

Siempre habrá distracciones en la vida que nos impiden conectarnos. Algunas son buenas y otras no lo son. Algunas son necesarias y otras las elegimos.

En los primeros días de nuestro matrimonio, a menudo elegí pasar mi tiempo en el trabajo, viendo televisión, jugando tenis y saliendo con los amigos. Ninguna de estas cosas era mala en sí misma, pero Nancy ya no sentía que era importante. Ella no fue siempre mi número dos.

El horario de Nancy resultaba diferente al mío. Ella estaba terminando la universidad y tenía un montón de tiempo libre. Ahora era una estudiante casada que asistía a clases y luego regresaba a casa. Se sentía aburrida, extrañaba a sus amigos de TCU, y no era tan feliz como pensó que lo sería. Según su evaluación, esto era mi culpa.

En ese punto, deberíamos habernos vuelto el uno al otro y regresado de nuevo a la senda. Podríamos haber trabajado juntos para averiguar todo lo relacionado con este asunto del matrimonio temprano. Podríamos haberlo hecho, pero no lo hicimos. En lugar de aceptar nuestras diferencias y lidiar con ellas, admitimos las distracciones y poco a poco nos alejamos el uno del otro. Nuestra comunicación que era tan buena antes del matrimonio se volvió cada vez peor. Estábamos pasando a formar parte de la estadística que incluye a aquellos que solo se comunican treinta y cinco minutos a la semana. Las cosas necesitaban cambiar o este matrimonio terminaría en desastre.

¿Cuán conectado está hoy con su cónyuge? ¿Se encuentra más conectado que nunca o se están convirtiendo en extraños? Piense en un día típico y las cosas que hace. ¿Cómo pasa su tiempo? ¿Cuánto tiempo aparta a fin de conectarse con su cónyuge?

Me puedo sentar en la misma habitación o en el mismo sofá con Nancy y no estar conectados. El solo hecho de que uno permanezca en la presencia del otro no nos conecta. Por supuesto, eso ayuda. La oportunidad está ahí, pero a fin de conectarse alguien tiene que iniciar y dar el primer paso. Esa iniciación puede consistir en una conversación, o tal vez en un abrazo o un beso. La conexión tiene lugar cuando uno inicia y el otro responde. Así que hay que decidir cómo pasar el tiempo juntos.

La mayoría de las noches durante la semana de trabajo llego a casa alrededor de las 6:30 p.m. Mis días son largos. Comienzo a las 5:30 a.m. deslizándome (a menudo literalmente) de la cama y teniendo un tiempo con Dios. Luego voy al gimnasio a fin de ejercitarme, vuelvo a casa para alistarme, y me dirijo a la oficina. Para el momento en que entro en la casa por la noche puedo estar bastante cansado.

Ahora bien, es entonces cuando tengo algunas opciones. Veamos dos de ellas. Opción uno: Me puedo sentar a descansar. Después de todo, he trabajado todo el día y merezco este tiempo para mí mismo. Ver la televisión o escuchar música me ayuda relajarme y distraerme luego de las presiones del día. Por lo general, alrededor de las 7:00 cenamos. Es muy agradable tener una cena tranquila o tal vez seguir viendo un programa que me interesa. Después de la cena, habitualmente miramos algo juntos. A las nueve y media o diez, estoy listo para irme a la cama. Nancy por lo general me sigue al poco rato, pero a veces estoy dormido antes de que ella llegue a la habitación.

El día siguiente y el siguiente y el siguiente pueden ser repeticiones de esto. El mismo patrón. El mismo tiempo juntos sin conectarnos, y a la larga nos damos cuenta de que apenas estamos coexistiendo. No peleamos, pero es seguro que no hay una conexión. Estamos desconectados.

Y las parejas desconectadas pueden convertirse en extraños.

Opción dos: Llego a casa a las 6:30 p.m. y lo primero que hago es buscar a mi esposa. Esto no es algo similar a la expedición de Lewis y Clark. Por lo general puedo encontrarla en la cocina, su oficina, o en la parte trasera de nuestra casa. Entonces hago una de mis cosas favoritas. La abrazo y le doy un beso. ¿Y sabe qué? Ese abrazo y ese beso me llenan de energía. Suelen hacer mucho más por mí que ver la televisión o escuchar música. Alguien me dijo hace años que los primeros cinco minutos que una pareja pasa juntos en la tarde establece el tono para la noche. Emplear un tiempo para conectarse resulta determinante.

A continuación, por lo general dedicamos un tiempo para hablar y ponernos al día con respecto a lo que ambos hemos hecho durante la jornada. Siempre cenamos juntos y vemos algo que nos guste a los dos. No tengo ningún problema con el hecho de que una pareja disfrute de un programa o una película juntos. Estamos experimentando lo mismo y podemos interactuar en cuanto a eso. Luego cada uno puede conocer la opinión del otro sobre lo que hemos visto. Nos conectamos. Por lo general, yo soy el que primero se dirige a la habitación, pero espero a Nancy para que podamos orar juntos. Nos conectamos. Además, incluso cuando nos vamos a dormir, siempre estamos en contacto. Puede ser con nuestros pies o manos, o por medio de un abrazo. Nos conectamos. Hay dos opciones y una serie de elecciones. Si constantemente elegimos la opción dos, permanecemos conectados. Ambos iniciamos y ambos respondemos. Hay otra cosa que me parece interesante. Cuando elijo la opción uno, a menudo estoy todavía cansado a la mañana siguiente. Cuando elijo la segunda opción, por lo general me despierto fresco y lleno de energía. Creo que se debe a la conexión. Dios nos diseñó para las relaciones: una relación con él y una relación con los demás. Cuando nos conectamos en el matrimonio con nuestra pareja, estamos cumpliendo el diseño de Dios para nuestras vidas, y esto produce un cambio. ¿Qué tal si aparta algún tiempo para hablar con su cónyuge acerca de la conexión? Díganse el uno al otro cuándo se sienten más conectados. Compartan cuán conectados se sienten en su matrimonio hoy en día. ¿Están en el punto que desean? Si es así, genial. Continúen haciendo lo que hacen. Si no es así, ¿qué van a hacer hoy para conectarse? (¡En realidad, si se han dispuesto a hablar de esto, ya han dado un paso!)

Hablemos del silencio

Habíamos estado casados aproximadamente por seis semanas y Nancy quería asistir a la boda de una de sus compañeras de hermandad en Fort Worth. Accedí a ir con ella, pero no me sentía demasiado entusiasmado con la idea de emplear mi fin de semana en la celebración de una boda. Nancy, por otra parte, tenía muchos deseos de ir de nuevo a la TCU. Muchos de sus amigos todavía se encontraban allí y participarían en la ceremonia.

Tomé el viernes libre en el trabajo para que pudiéramos salir temprano. Cuando hacíamos las maletas para el viaje, tuvimos una discusión. Como es típico de las discusiones importantes y que cambian la vida, no tenía ni idea sobre de qué se trataba todo. Solo sé que quería que algo se hiciera a mi manera y no lo estaba logrando. Le dije: "Bien, entonces no voy a Fort Worth contigo". (¡A veces me maravillo de mi alto nivel de madurez!)

Me fui a la sala de nuestro apartamento, encendí el televisor y me relajé en el sofá. Sabía que tarde o temprano ella cambiaría de opinión. Yo me saldría con la mía, y luego podríamos realizar "su" viaje.

Una hora más tarde salió de la habitación, pero no con el rostro que había esperado. En su mano llevaba uno de esos teléfonos con cable. Nancy dijo: "El teléfono es para ti". Le contesté: "No lo he escuchado sonar" Ella dijo: "No lo hizo. ¡Es tu madre, y yo la llamé! Le conté cómo te estás comportando". No lo podía creer, mi esposa de seis semanas me había echo quedar mal, y no con cualquier persona, sino con mi propia madre, quien hasta ese momento pensaba que yo era casi perfecto.

No recuerdo exactamente lo que me dijo mi madre, pero sus palabras fueron pocas y muy claras. Pronto nos encontramos de camino a Fort Worth...juntos. Esa fue la última vez que me enojé y utilicé el tratamiento del silencio con Nancy. Mis acciones le habían cerrado la puerta a la comunicación y puesto mis deseos por delante de ella. ¿Y Dios? Lo había eliminado del radar.

Aprendí de la manera difícil que el silencio también comunica...alto y claro. Mi tratamiento silencioso le comunicaba a Nancy que ella no importaba tanto como lo que yo quería. ¿Qué significa el silencio para ti? En algunos hogares, el silencio significaba que alguien estaba furioso y con el tiempo las cosas explotarían. Tal vez usted ha sobrevivido escondiéndose y manteniéndose fuera de la línea de fuego. En otros hogares, el silencio puede haber sido una señal de que todo estaba bien y la familia disfrutaba de un momento de tranquilidad. Ahora, ponga a un chico de la primera familia con una chica del segundo hogar en una nueva situación matrimonial, ¿y qué se obtiene? Se obtiene un gran problema.

El esposo interpreta el silencio de ella como ira, y la esposa interpreta el silencio de él como "todo está bien". ¡Hablando de una falla en la conexión!

Sin importar si es con un propósito o no, el silencio comunica...y usted tiene que saber lo que significa para su cónyuge.

Sin importar si es con un propósito o no, el silencio comunica...y usted tiene que saber lo que significa para su cónyuge.

El tratamiento del silencio o "ley del hielo" puede crear un ambiente no saludable lleno de confusión e incertidumbre para un matrimonio. Chad amaba a Lori y esto había sido así desde hacía mucho tiempo. Ellos habían sido novios en la escuela secundaria, se separaron en la universidad, y luego a principios de sus veinte se reencontraron y se casaron. Una de las cosas que siempre le sorprendió a Chad acerca de su relación fue que estaba exenta de peleas. Durante los tres años de la escuela secundaria y un año más que salieron juntos antes del matrimonio no hubo ni una discusión. Sus amigos le dijeron que solo tenía que esperar, pero Chad sabía que sería diferente. Esta era la relación perfecta. Además, Lori tenía esta personalidad increíblemente dulce. Ella jamás levantó la voz y nunca usó palabras duras. Chad pensaba que estaban fuera de peligro.

Chad me vino a ver primero por él mismo. Pensaba que estaba loco. En ese momento ya habían celebrado tres aniversarios. Las cosas seguían marchando bien, o por lo menos él pensaba que era así, pero algo nuevo se añadió a su relación que simplemente no parecía encajar. Chad me dijo que aún no habían tenido una pelea; al menos no creía que la hubieran tenido. Sin embargo, las cosas eran diferentes.

Lori era callada por naturaleza, pero ahora Chad se daba cuenta de que había momentos en que ella era demasiado callada. Le pedí que me diera un ejemplo. Él me contó acerca de una ocasión reciente en que dos de sus amigos lo habían invitado a salir de caza durante el fin de semana. Lori le dijo a Chad que no había ningún problema cuando le preguntó, pero luego él empezó a pensar que sí lo había.

Durante los próximos días, Lori apenas le hablaba, casi nunca lo miraba a los ojos, y durmió tan lejos de él como lo permitía su cama. Sin embargo, cuando le preguntaba si algo estaba mal, siempre obtenía la misma respuesta. "No".

El tratamiento del silencio, ahora que Chad pensaba en eso, había comenzado la semana anterior, cuando Lori había llevado a Chad a ver un sofá nuevo que deseaba comprar. A Chad le gustó el sofá, pero él también pagaba las facturas y sabía que no podían hacer una compra tan grande en ese preciso momento. Lori le dijo que lo entendía, no obstante, luego comenzó su silencio. En realidad, mientras Chad me contaba su historia, se percató de que el tratamiento del silencio se había convertido en una parte de su matrimonio. Le pregunté si tal actitud había funcionado para Lori. Me dijo que no, pero luego me comentó que había cancelado el viaje de caza y que al final ellos habían comprado el sofá. Demasiadas cosas para que "no funcionara". La definición de Chad de una pelea implicaba un altercado ruidoso. La definición de Lori envolvía una lucha tranquila. Fue esto lo que los llevó a desconectarse. La tranquilidad le estaba ganando a las peleas, pero el matrimonio estaba empezando a perder. Esa es la ironía. El hecho de que algo funcione en nuestra mente no significa que sea saludable para el matrimonio. El silencio puede ser saludable. El tratamiento del silencio no lo es. El tratamiento del silencio puede gritar lo que comunica, y cuando lo hace, banderas rojas deberían comenzar a aparecer por todas partes.

No se deje engañar por la calma. Reconozca que hay un problema y comience el proceso de obtener ayuda. El silencio puede comunicar un cierto número de cosas en un matrimonio. Solo usted puede decidir si es saludable o no.

Tres claves para conectarse bien

El fundamento de la comunicación exitosa, ante todo, se encuentra al mirarse en el espejo. ¿Cómo lo ve su pareja? ¿Cuáles son las cualidades que usted posee como cónyuge? Todo esto indica la forma en que su cónyuge lo representa en su mente, y es para su propio beneficio tener esto en cuenta cuando no se están conectando. Luego, utilice esa perspectiva para analizar por qué es así.

Siempre he querido ser alguien en quien Nancy confiara, con quien se sintiera segura. Deseaba que en su mente ella me viera de una forma tan positiva que incluso cuando fallara en la comunicación, todavía me considerara una persona digna de confianza con la que quería casarse.

Tal vez usted se siente de la misma manera.

Al observarnos en el espejo de esta forma cercana y crítica para observar lo que nuestro cónyuge ve en nosotros, he encontrado tres cualidades que son particularmente dignas de tener en cuenta. La primera es la compasión. La compasión se logra a través de la aceptación. Es la aceptación de los pensamientos, sentimientos y acciones del otro. Significa permitirle ser lo que Dios quiere que sea y no tratar de cambiarlo para que cumpla con nuestras expectativas. A Nancy y a mí nos llevó mucho tiempo comprender esto. Yo solía echarle la culpa al hecho de que nos habíamos casado demasiado jóvenes, pero con los años he visto a la gente tratando de cambiar a su cónyuge durante todo el camino hasta el hogar de ancianos. Crecí en una familia sana y amorosa. Mis padres se amaban profundamente el uno al otro y eran excelentes modelos a seguir. Los años de crecimiento de Nancy en un hogar disfuncional resultaron difíciles. Tenía perfecto sentido para mí que tomara a mi familia como nuestro ejemplo. Sin embargo, Nancy no lo veía exactamente de esa manera... ¡en especial cuando estaba intentando cambiarla!

Mientras tanto, Nancy trataba de cambiarme también. Ella colocó a su padre en un pedestal. Él era atlético y yo no lo era. Él era el alma de la fiesta y yo no. Podría seguir y seguir enunciando cosas, pero ya que estoy escribiendo esto, no tengo que sacrificarme a mí mismo. Ella me criticaba de continuo porque yo no encajaba en su molde. Así que pasó años tratando de cambiarme. Nunca funcionó.

Piense en esto por un minuto. ¿Le gustaría que alguien llegara a su vida y tratara de convertirlo en la persona que desea que usted sea, o que alguien que forme parte de su vida lo ame y lo acepte como es?

Eso se llama compasión, y la aceptación que esta aporta a un matrimonio cambia literalmente la relación. Nancy quería que yo aceptara sus pensamientos, sentimientos y acciones. Deseaba ser capaz de decirme todo sin tener miedo de que la juzgara. Anhelaba que fuera capaz de amarla como era y dejara que Dios realizara en ella los cambios que Él quería hacer. Yo no actué de esa manera al principio. En realidad, no lo hice durante mucho tiempo.

Hoy me comporto mejor en lo que a respecta a esto. Hoy ella

también es mejor. ¿Y sabe lo que hemos descubierto? Ese era el plan de Dios desde el principio. Dios nunca me convertirá en alguien que no es perfecto para Nancy, o a ella una persona que no es perfecta para mí. Él valora el matrimonio demasiado. Él quiere que nuestro matrimonio tenga éxito y sea satisfactorio. Todo lo que Él haga para lograr un cambio en mi vida o la de ella va a ayudar a lograr ese propósito.

Así que acéptense mutuamente. Acepten sus diferencias, porque las tienen. ¿Sabe una cosa que he aprendido como un consejero que se ha sentado frente a las parejas todos estos años? Dios NUNCA pone juntas a dos personas que son iguales. NUNCA. Y a fin de reducir esas diferencias inmensas, necesitan compasión. Usted y su cónyuge son diferentes, de modo que pueden crecer y desafiarse mutuamente a ser capaces de asegurar después de cincuenta años de matrimonio que su vida fue mucho mejor debido a que se casaron el uno con el otro. Acepten sus diferencias. Acéptense entre sí, tal como son, y añadan la compasión a su matrimonio.

La segunda clave para comprender cómo nuestra pareja nos ve es la autenticidad. No se trata solo de lo que decimos; la autenticidad tiene que ver con la forma en que decimos las cosas. Significa edificar una relación con el tiempo que le permita a su cónyuge saber que lo que dice es real y sincero. Implica la garantía de que nunca le ha mentido a su cónyuge o lo ha engañado, ni lo hará jamás. Es una combinación de la integridad, la honestidad y el deseo de honrar a Dios con su vida. Es un cimiento increíble que resulta sólido como una roca.

Permítame detenerme por un minuto, porque no quiero que se confunda. Puedo escuchar a algunos decir: "Ya lo he echado todo a perder. ¿Hay esperanza para mí?". La respuesta es sí, y he aquí por qué. Yo también he arruinado las cosas. En realidad, no conozco a nadie que no lo haya hecho en uno u otro momento de su matrimonio, pero esa no es una razón para bajar la norma.

Si empezamos a decir que esto o eso está bien cuando no lo está, ¿qué hemos logrado? Solo conseguimos simplificar nuestro matrimonio y devaluar el plan de Dios. A pesar de que es alta y difícil de alcanzar, la norma debe permanecer donde Dios la coloca.

Todos vamos a arruinar las cosas en un momento u otro. Cuando esto ocurra, reconozca con rapidez su error y luego aprenda de él. Recuerde esto: la vida matrimonial es muy parecida a estar en un campo de entrenamiento. El matrimonio es un tiempo para aprender, crecer y averiguar cómo honrar a Dios con nuestra vida. A veces, el camino se torna difícil. Su cónyuge sabe que usted no va a ser perfecto, o si no lo sabe, necesita aceptar ese hecho. Nancy sabe que no soy perfecto. Sin embargo, ella también desea saber que estoy permitiendo a diario que Dios me moldee según lo que Él quiere que yo sea. Cuando me equivoco en la actualidad, rápidamente reconozco lo que hice y asumo toda la responsabilidad. Eso no es fácil.

Solía reconocer los errores rápidamente, pero tenía problemas para asumir la responsabilidad plena por mis acciones. Eso tenía que cambiar. Así que le pregunté a Dios qué Él quería que hiciera diferente y qué necesitaba aprender de la experiencia. Eso puso las cosas bajo una perspectiva distinta. Mi responsabilidad era ahora con Dios. Tal cosa produjo un cambio en mí y mi matrimonio. Y construyó una base de autenticidad.

La clave final es la empatía. En la Biblia, Jesús nos habla de servir. Mi impresión es que esto se refiere tanto a nuestras acciones como a nuestras actitudes. Para mí, significa poner mis deseos egoístas a un lado y a Nancy antes de mí mismo. Aquí se presenta de nuevo ese asunto de que Dios esté en primer lugar y nuestro cónyuge en segundo. Para mí, la empatía consiste en hacerme dos preguntas. En primer lugar, sin importar cuál sea la situación, quiero verla desde la perspectiva de Nancy. Así que me pregunto: "¿Cuál es exactamente su punto de vista?". Luego, la pregunta determinante para mí es: "¿Cómo difiere su perspectiva de la mía?".

Cuando me detengo a hacerme esas dos preguntas, me conecto mejor con Nancy. Me estoy tomando el tiempo para "caminar en sus zapatos" y ver cómo nuestras perspectivas son diferentes. Entonces mi respuesta nos une. Ella sabe que me importa y que he apartado el tiempo y hecho todo el esfuerzo para entenderla. Mientras más hago esto, mejor se vuelve nuestro matrimonio.

Mostrar empatía también puede tener un impacto económico.

Hace unos pocos años me estaba preparando para ir al trabajo una mañana. En este día en particular se me había hecho un poco tarde; no mucho, pero sí un poco. Había terminado de ducharme y me secaba. Nancy también estaba preparándose. La casa en que vivíamos en ese momento había sido construida a finales de 1960, y nuestro baño principal era más bien pequeño, especialmente cuando los dos tratábamos de estar listos al mismo tiempo. A medida que empecé a vestirme, vi a Nancy observando el rodapié alrededor de la ducha. Ahora bien, mi esposa vende casas y ella toma su trabajo muy en serio. También considera que es su obligación asegurarse de que nuestra casa esté libre de todos los peligros y males que encuentra en las casas que muestra. Estamos protegidos de las termitas, los insectos y los derrames de agua.

Una vez, hace muchos años, Nancy estaba segura de que teníamos termitas en nuestro sótano. Ella buscó a nuestro hijo Grant y un martillo, y comenzaron a romper las paredes del sótano para encontrar las termitas ocultas...las cuales no estaban allí. Por lo tanto, cuando vi la misma mirada en sus ojos de nuevo esa mañana, debí haber mostrado más "empatía". Debí haber apartado el tiempo para considerar el asunto desde su punto de vista y luego ver de qué modo su perspectiva difería de la mía.

Nancy de pronto se puso de rodillas y comenzó a tirar del rodapié. Ella dijo: "Creo que tenemos moho negro. Mira. ¿Lo ves?". Como he dicho antes, estaba un poco retrasado, así que le contesté: "Cariño, no sabría reconocer el moho negro incluso si lo tuviera frente a mí. Consigue a alguien que revise y haga lo que tenga que hacer". Definitivamente, eso no era tomarse el tiempo para mostrar empatía. No miré las cosas desde su perspectiva.

Así que la compasión, la autenticidad y la empatía trabajan en conjunto para establecer el fundamento de cómo su cónyuge lo ve. Cuando me mantengo en sincronía total con estas tres cosas, estoy pisando tierra firme en mi matrimonio.

Esto ocurrió alrededor de las ocho de la mañana. Me marché a trabajar y tuve un día bastante ajetreado frente a mí. Esa noche a las 6:30 p.m. regresé a la casa. Como era de esperar me sentía agotado, ya que había sido un día difícil. Nancy y yo no habíamos hablado durante todo el día, y ella no se encontraba en casa cuando llegué allí. Subí a nuestra habitación y me fue imposible entrar en el cuarto de baño, ya que una cinta azul cruzaba la puerta. Mi ducha no estaba. Habían removido el suelo de baldosas...el baño había sido destruido en las últimas diez horas.

Supongo que pensé que Nancy buscaría a alguien que fuera a revisar el moho—si se trataba efectivamente de moho—y rociara algo sobre él. El moho quedaría eliminado. Yo volvería a colocar el rodapié en su lugar y de ese modo terminaría la temida "epidemia de moho negro" en nuestra casa. La verdad es que no le había dado un segundo pensamiento a esto desde las 8:01 a.m. de esa mañana. Había fallado en hacerme las preguntas importantes de empatía: ¿Cómo Nancy considera esta situación, y cómo eso difiere de la forma en que yo la veo? En su mente, le había dado luz verde. Ella vio el problema y lo enfrentó. Sé que esta es la forma de actuar de mi esposa, pero no me tomé el tiempo para pensar detenidamente en ello en esta ocasión. El lado bueno de la historia: después de invertir unos pocos miles de dólares, tuve una agradable ducha nueva que me gustó mucho.

¿Cuándo fue la última vez que trató de ponerse en los zapatos de su cónyuge? Cada día hay oportunidades de hacer esto. Comience hoy. Pídale a Dios que le dé la oportunidad de mostrar empatía. Entonces hágalo. Se sorprenderá con los resultados.

Así que la compasión, la autenticidad y la empatía trabajan en conjunto para establecer el fundamento de cómo su cónyuge lo ve. Cuando me mantengo en sincronía total con estas tres cosas, estoy pisando tierra firme en mi matrimonio. Nancy recibe mi aceptación incondicional. Ella confía en lo que le digo y sabe que nunca haría algo a propósito para causarle daño. Por último, la empatía que le muestro le permite saber que me he tomado el tiempo para caminar en sus zapatos. No importa dónde está su matrimonio hoy en día, dedique un tiempo a mirar en el espejo. Hágase estas preguntas. ¿Qué ve su cónyuge? ¿Cómo se interpretan sus palabras y acciones? ¿Qué tiene que cambiar? Al comenzar a trabajar en la compasión, la aceptación y la empatía, se dará cuenta de dos pequeños milagros. Usted está colocando a su cónyuge firmemente en la posición que Dios quiere que lo tenga, y esto lo mantiene edificando un matrimonio increíble. Solo esas dos cosas hacen que esa larga mirada en el espejo valga la pena.

Aprenda el arte de escuchar

Una vez que me di cuenta de la importancia de mostrarle empatía a Nancy, encontré un montón de oportunidades para hacerlo. A Nancy le gusta ir a las fiestas. Cuando llega una invitación, se coloca en la puerta del refrigerador. La fecha se circula en el calendario y se me informa de este gran evento que podemos esperar juntos. En cambio, a mí no me gustan las fiestas. Pensaba decir que las odio, pero era algo muy fuerte. La verdad de lo que siento por la mayoría de las fiestas se encuentra en algún lugar entre "no me gustan" y "las odio". He aprendido a lo largo de los años que debido a que las fiestas son importantes para Nancy, precisan también ser importante para mí. He mejorado y he aprendido a disfrutar al observarla divertirse, y de vez en cuando yo me divierto también.

Había tenido una semana agotadora. Me parecía que nunca lograba estar al tanto de las cosas, y cada día al abrir la nevera a fin de servirme algo de jugo de naranja para el desayuno se me recordaba la fiesta a la que íbamos a ir juntos en la noche del viernes. Para el momento en que la noche del viernes llegó, yo era un zombi caminando y por si eso fuera poco estaba de bastante mal humor. Cuando entré en la casa, me encontré a mi mujer en éxtasis. Ella se había hecho una nueva manicura y pedicura, llegando a la casa justo antes que yo. Logré pronunciar un "hola" y la seguí a la habitación para prepararnos.

Mientras salía de mi nueva ducha, vi a Nancy de pie ante mí sosteniendo un vestido, pero toda su expresión había cambiado. "Envíe este vestido a la tintorería hace dos semanas a fin de tenerlo listo para esta noche. Ahora veo que tiene una mancha y las tintorerías están cerradas, e incluso si estuvieran abiertas, no podrían arreglarlo a tiempo". Era una gran oportunidad de dar un paso adelante como marido. En este escenario único, tenía la oportunidad de ser auténtico, expresar compasión y demostrar empatía. Al escuchar lo que me estaba diciendo y responder de una manera que nos conectaba, pude haber evidenciado lo importante que ella era para mí. No obstante, tal vez al igual que usted, soy un poco lento en el aprendizaje. En cambio, le dije: "Puedes usar otra cosa o solo ponerte ese mismo. Probablemente el ambiente no estará muy iluminado esta noche de todos modos". Ahora bien, la mayoría de los hombres que están leyendo esto dirán: "¡Bien hecho! Usted dio justo en el clavo". Sin embargo, no lo hice.

No escuché a Nancy. Salté a encontrar una solución para el problema. Esta parece ser una de las maldiciones del hombre en el matrimonio. Nancy necesitaba que reconociera su dolor. Por supuesto, según mi perspectiva se trataba solo de un vestido y una fiesta, pero para ella era importante y me lo había dejado muy en claro.

Debí haber puesto en práctica un enfoque diferente: "Cariño, lo siento. Sé que has estado esperando esta fiesta y planeando todo bien. Debes sentirte decepcionada". Bingo. Eso nos hubiera conectado. Eso era lo que ella estaba buscando y necesitaba. Luego me hubiera pedido que la ayudara a encontrar una solución, pero primero tenía que conectarme con ella.

Escuchar a su cónyuge puede establecer o romper su conexión. Me gusta llamarle la "escucha conectiva" al proceso de escuchar que hace crecer su matrimonio. Resulta interesante que aquellas personas que estudian la escucha afirmen que la mayoría de nosotros podemos pensar y procesar las palabras de otros cinco veces más rápido de lo que ellos pueden pronunciarlas. ¿Conoce usted las implicaciones de eso? Cuando Nancy está hablando, tengo un montón de tiempo extra para pensar. Si me concentro en lo que está diciendo y lo que necesita de mí, las cosas van a ir bien. Si me paso ese tiempo extra pensando en lo que voy a hacer cuando ella termine o en lo que voy a decirle en respuesta, las cosas no irán bien. Ella no se sentirá escuchada, y aun más importante, no se sentirá conectada.

Al hablar de escuchar, no me refiero simplemente a oír las palabras que salen de la boca de una persona. Me refiero a la escucha conectiva: la búsqueda intencionada y verdadera de entender y conectarse con su cónyuge. Si escucho a Nancy, también me estoy conectando con ella. Este tipo de escucha va más allá de oír las palabras para percibir su corazón. ¿Qué está sintiendo? ¿Qué está tratando de conseguir que yo escuche? ¿Cómo le respondo de modo que se sienta escuchada?

Todas estas consideraciones son parte de escucharla de una manera que nos conecte. Si ella me dice que está cansada, pero que aún necesita ir a la tienda de comestibles, ¿cuál sería mi respuesta? Podría decirle: "Lo siento, estás cansada, pero eso no debe tomarte mucho tiempo". Hubiera escuchado sus palabras y respondido, y ella habría ido a la tienda, pero no nos conectaríamos.

En cambio, podría decir: "¿Por qué no voy contigo? Yo manejaré y te ayudaré con la compra". Una vez más hubiera escuchado sus palabras acerca de hacer las compras, pero también atendido a su necesidad porque estaba cansada. El resultado final es el mismo en ambos casos. Los comestibles se comprarían, pero en el segundo escenario nos conectamos.

La comunicación sin conexión es común en los matrimonios. Cuando escuché a Grace y Kyle contar su historia, fue bastante evidente que ninguno de los dos estaba escuchando al otro. Grace creció en una familia que no escuchaba bien. Todos ellos eran personas con un desempeño sobresaliente y no tenían tiempo para escuchar. Su padre estableció el ejemplo y el resto de la familia lo imitó.

Grace pensaba con honestidad que estaba escuchando y respondiendo a lo que Kyle decía, pero simplemente la situación no funcionaba. Ellos rara vez—si acaso alguna—se conectaban. Kyle, por el contrario, creció en una familia muy cercana que se comunicaba muy bien. Ellos sabían identificar el lenguaje corporal y el tono de voz de los demás. Eran sensibles los unos con los otros de una manera saludable y cuidadosa.

Una situación que tuvo lugar durante los años de escuela secundaria de Kyle demostró este apoyo. Él había estado jugando fútbol. Era bueno y aspiraba a ser el mariscal de campo en su último año. Kyle asistió a una gran escuela secundaria con un montón de atletas buenos y competitivos. Las prácticas para el otoño comenzaron a finales del verano dos veces al día. La tradición era nombrar al nuevo mariscal de campo al final del período de prácticas dobles. Todo marchaba bien, y Kyle sabía que los candidatos a la posición eran él y otro chico de último año, Lee.

Kyle llegó a su hogar ya avanzada la tarde después del anuncio. Su padre estaba en casa temprano ese día, y la primera pregunta que le hizo a Kyle fue: "Bueno, ¿eres el nuevo mariscal de campo?". Él intentó responder, pero las palabras no le salían; tan solo pudo mover la cabeza indicando que no. La respuesta de su padre demostró —con luces de neón— las diferencias en lo que a la escucha se refiere entre los hogares en los que Kyle y Grace crecieron. Su padre dijo: "Ay. Eso debe doler. Lo siento mucho. Te amo y solo sé que vas a convertir esto en algo bueno para ti. Tu mamá y yo no nos perderemos ni un juego".

Kyle fue a las prácticas el próximo lunes y se esforzó más que nunca. Tomó la decisión de disfrutar del entrenamiento, y mientras jugaba en el equipo de práctica cada semana, hizo un trabajo increíble desempeñando la función de oponente del mariscal de campo. Y todo como resultado de la conexión que logró la respuesta de su padre.

Y valió la pena. La semana antes de que comenzaran las eliminatorias estatales, el mariscal de campo elegido se lesionó y quedó excluido por el resto de la temporada. Sin embargo, el equipo no perdió el ritmo, pues Kyle intervino y los condujo al campeonato del estado.

Kyle llevó esas habilidades de escucha al matrimonio, pero Grace nunca las aprendió de la forma en que él lo había hecho. Él estaba tratando de conectarse a través del proceso de escucha, pero parecía que para Grace escuchar era solo un medio para un fin. "Dime lo que quieres y lo haré". "Si te digo lo que quiero, hazlo". La idea de Grace de escuchar resultaba funcional, pero no hizo nada para conectarlos. Con el tiempo, Kyle se cansó de intentar conectarse y comenzó a escuchar del mismo modo que Grace lo hacía. Ellos nunca peleaban. Las cosas se hacían. Escuchaban sin conectarse, y ahora solo cumplían con las apariencias en su matrimonio. Mientras hablábamos, estuvieron de acuerdo en que querían algo más. Traté de usar una palabra distinta con Grace. Una que podría sonar diferente a "escuchar". Hablé con ellos sobre el enfoque. ¿En qué se enfocaban cuando escuchaban? Si el enfoque era ser funcionales, estaban teniendo éxito. Si el enfoque era conectarse, estaban fallando. Eso parecía tener sentido, y Grace dijo: "Quiero una conexión". Ella vio que la escucha funcional no le daba lo que le faltaba en su matrimonio. Las piezas empezaron a encajar juntas. Grace vio una nueva senda, y Kyle estaba dispuesto a hacer el esfuerzo de nuevo. Su matrimonio podría ser diferente y estaban emocionados por todo lo que deparaba el futuro para ellos.

Es posible que tenga todo tipo de razones para no escuchar a su cónyuge. Tal vez no disponga del tiempo. Tal vez no comprenda sus sentimientos. Una serie de cosas

Si elige escuchar como una forma de conectarse, las cosas pueden ser diferentes para usted y su matrimonio.

podrían interponerse en el camino. Mientras permanezca atascado, nunca va a edificar el matrimonio que Dios puso en su corazón. Si elige escuchar como una forma de conectarse, las cosas pueden ser diferentes para usted y su matrimonio también. La escucha conectiva le permite a su cónyuge saber que usted se preocupa, mostrándole cuánto lo valora. Coloca a su pareja en la posición número dos—después de Dios—y lo ayuda a mantener ese orden de prioridades. Resulta necesario que ambos trabajen juntos para lograr que esto suceda.

¿Puede percibir lo determinante que esto puede ser para su matrimonio? Pídale ayuda a Dios y empiece a escuchar de una manera conectiva hoy.

Detenerse, mirar, escuchar

¿Recuerda a Tom y Sarah, la pareja superestrella durante la consejería prematrimonial cuya luz se desvaneció cuando comenzaron su vida en común? Si su comunicación fuera a juzgarse solo por la conversación, ellos lo estaban haciendo bien. Hablaban todo el tiempo, intercambiando comentarios acerca de sus horarios, las actividades de los niños, quién iba a comprar la leche y el pan, así como de otras necesidades diarias. Sin embargo, cuando se trataba de *conectarse* a un nivel íntimo, estaban fallando por completo. No hablaban sobre sus problemas interpersonales en absoluto. En realidad, habían dejado de intentarlo.

Les pregunté a Tom y Sarah si recordaban la herramienta de comunicación "Detenerse, mirar, escuchar" que habían aprendido en mi clase. Tom dijo: "Sí. Éramos buenos con ella y resultó determinante, pero dejamos de usarla". Le pregunté si había dejado de funcionar para ellos, y Tom dijo: "No. Solo nos detuvimos". Era el momento de empezar de nuevo a utilizarla.

"Detenerse, mirar, escuchar" constituye una gran manera de poner en práctica la escucha conectiva en su matrimonio.

Supongamos que Nancy quiere hablar conmigo sobre algo que es importante para ella. ¿Cómo puedo hacer que mi esposa sea mi prioridad?

En primer lugar, necesito DETENER todo lo demás que estoy haciendo. Eso significa apagar la televisión (no solo ponerla en la opción del silencio), o cerrar el libro, o apagar el teléfono inteligente, o dejar de hacer cualquier otra cosa que podría distraerme de escucharla. Para mí, hay que detener todo menos la respiración.

Luego necesito MIRARLA. Establecer contacto visual. Permanecer frente a ella. Ser consciente de mi lenguaje corporal. Relajarme.

Por último, tengo que ESCUCHAR cada palabra que dice y ser capaz de dejarle saber verbalmente que la oí.

Cuando sigo estos pasos, he logrado la escucha conectiva.

He aquí un ejemplo de nuestra vida. Es un sábado por la tarde y me encuentro sentado en mi butaca favorita en nuestra sala de estar. Transcurre la temporada del fútbol, y he reservado esta tarde para ver tantos juegos como pueda. Estoy totalmente distraído. Entra Nancy. Ella dice que necesita hablarme. ¿Que debería hacer? Ahora bien, enseño sobre estas cosas y sé qué hacer, pero no siempre resulta fácil. Podría haberle dado al fútbol la prioridad que le corresponde a Nancy y decir "luego", y hubo un tiempo en que tal vez tomara esa decisión, pero hoy no es ese día.

Así que me detuve. Apagué el televisor. APAGADO. No con el volumen bajo. No en silencio. Lo apagué.

Luego la miré. Mientras Nancy se sienta, me vuelvo hacia ella. Mi esposa me dice que su padre acaba de llamar y que están llevando a su hermana, que vive en Texas, a Houston para hacerle algunas pruebas médicas. Su hermana siempre ha sido saludable, pero percibo cierta preocupación en la voz de Nancy mientras me dice que quiere esperar hasta que se sepan los resultados de las primeras pruebas; y entonces, si no son buenos, desea volar a Houston. A ella también le gustaría que la acompañara.

Por último, le hago saber que estaba escuchando. Ahora es mi turno. Le digo: "Lo siento. Quiero a tu hermana también. Por supuesto que vamos a ir".

¡Eso fue todo un éxito! La había escuchado. Su rostro se suavizó, porque sabía que la escuchaba y la entendía. Nos conectamos de una manera en que no podríamos haberlo hecho si hubiera dejado la televisión encendida.

Detenerse, mirar, escuchar

DETENER todo lo que está haciendo.
MIRAR con todo su cuerpo.
ESCUCHAR activamente cada palabra que su cónyuge dice.

Puede utilizar "Detenerse, mirar, escuchar" para todo, desde decidir a dónde ir a cenar hasta conectarse a un nivel emocional profundo. Mientras más use este modelo, más natural se volverá. Manténgalo en su caja de herramientas "vamos a tener un matrimonio increíble" y empléelo a diario.

Ahora DETÉNGASE. Si no separa el tiempo para intentar esto

ahora, se perderá en ese montón de cosas que sabe que son buenas para su matrimonio, pero nunca hace.

Así que aquí va. Tanto usted como su cónyuge escriban tres cosas que les gustaría compartir con el otro y son importantes para ustedes. Tal vez se trata de algo que le gustaría que los dos hicieran juntos. Tal vez es un asunto que le preocupa sobre el que desea que su cónyuge le dé su opinión. Tal vez está cansado de la comida mexicana en cada ocasión que salen a cenar. No importa lo que contenga su lista siempre y cuando sea importante para usted. ¡Para aquellos que se lo están preguntando, no hay una lista correcta y una lista equivocada! Ahora túrnense para compartir las cosas en su lista. Las damas primero. Compartan el primer elemento de la lista. A continuación el otro toma su turno, y luego vuelven a alternarse hasta que terminen.

Le di esta tarea a otra pareja que estaba aconsejando, Allen y Robin. Ellos hicieron sus listas y decidieron que reservarían un tiempo el próximo sábado por la mañana para compartirlas. A medida que Allen caminaba hacia la cocina, comentó sobre lo tranquila que estaba la casa esa mañana. Robin le recordó la parte de DETENERSE de su ejercicio. Todo estaba apagado, incluido el lavavajillas, que siempre funcionaba el sábado por la mañana.

Se sentaron a la mesa del desayuno juntos, uno frente al otro, y respiraron profundamente. Esto no resultaba fácil para ninguno de los dos. Allen sintió una punzada de temor, y Robin había estado despierta desde las 5:00 a. m. Robin fue la primera. "Allen, has estado trabajando muchas horas extras últimamente. Estoy orgullosa de ti y lo bien que estás haciendo las cosas. Sé que para avanzar y cumplir con tus objetivos tienes que trabajar duro, y te apoyo por completo en eso. Mi problema es que te extraño, y me gustaría ver si podíamos apartar una noche a la semana para salir juntos solo nosotros dos. Eso me ayudaría mucho, y espero que sea bueno para ti también".

Podemos aprender del enfoque de Robin aquí. Ella felicitó a Allen. Se aseguró de que él supiera que estaban en el mismo equipo. Luego expuso su necesidad sin hacer que él se pusiera a la defensiva y dejando la puerta abierta para que respondiera.

Allen pensó por un momento, la miró a los ojos y dijo: "Sé que mi trabajo nos ha afectado. No quiero que sufras a causa de mi empleo. Yo te extraño también. Quiero pasar tiempo contigo. No deseo perder a mi increíble esposa. Estoy totalmente de acuerdo con tu idea. ¿Qué tal si tratamos los sábados por la noche?". (Yo no pudiera haberlo dicho de una forma mejor.) Él empezó conectándose con ella y haciéndole saber que la había escuchado, luego respondió con un plan de acción.

Si somos honestos, coincidiremos en que detenernos, mirar y escuchar no son siempre nuestras respuestas más naturales. Ciertamente, ellas pueden resultar inconvenientes. Es posible que piense que no tiene el tiempo. No obstante, estoy seguro de que si lo intenta, descubrirá que vale la pena debido a todo lo que esto puede hacer por su matrimonio.

El legado de un matrimonio conectado

Hasta ahora le he dado ejemplos acerca de una serie de parejas que han venido a verme. Ahora quiero contarle sobre una pareja a la que fui a ver. Creo que todo el mundo necesita a un Pablo y todo el mundo necesita a un Timoteo en su vida.

Pablo vivió en una época posterior a Jesús. Era un sujeto que odiaba a los cristianos. Su tarea consistía en acabar con ellos, y la llevó a cabo de manera efectiva hasta que un día Jesús se le apareció, lo confrontó y cambió su vida para siempre. Pablo pasó el resto de sus días hablándole a la gente acerca de Jesús.

Entra Timoteo. Pablo capacitó a Timoteo. Pasó tiempo a su lado e invirtió en él de modo que Timoteo también pudiera difundir las noticias acerca de Jesús.

Entro yo. Quiero invertir en otros y enseñarles el plan de Dios para el matrimonio. También quiero aprender de aquellos que han seguido ese plan durante mucho tiempo. Quiero tener siempre a un Pablo y un Timoteo en mi vida. Como consejero, Timoteo resultó fácil, pero necesitaba a un Pablo.

Entran Ernest y Phyllis. Vi a esta pareja de ancianos en la iglesia mucho tiempo antes de conocerlos. Estaban allí todas las semanas, y por lo general sentados en el mismo lugar. Ernest siempre tuvo presente a Phyllis, y ella se mostraba siempre agradecida. Todavía no los conocía, pero me di cuenta de que estaban conectados. Lo percibí por la forma en que se trataban entre sí y el modo en que se miraban el uno al otro.

Finalmente, me presenté y les pregunté si Nancy y yo podríamos llevarlos a almorzar alguna vez. Me sorprendí un poco cuando de inmediato dijeron que sí. Una semana más tarde, nos reunimos al salir de la iglesia para almorzar. Pasamos dos horas extraordinarias. Esta pareja lo había logrado. Ellos conocían, entendían y vivían el plan de Dios para el matrimonio. Se casaron en la adolescencia, y ahora tenían ochenta y siete y ochenta y cinco años respectivamente. Actuaban como si fueran mucho más jóvenes que eso, y por supuesto nunca habían perdido su vivacidad.

Mientras compartían su historia, yo estaba realmente admirado. Habían tenido cuatro hijos. Uno de ellos murió cuando era un bebé y otra a sus treinta años debido al cáncer, y los dos restantes estaban aún vivos. Ernest trabajó para una compañía grande durante cierto número de años y luego se estableció por su cuenta. Más tarde quebró y entonces regresó a su antiguo trabajo. Ellos gozaban de buena salud ahora, pero ambos habían sido sometidos a cirugías en el pasado.

Durante todo el tiempo que hablamos, se sentaron uno al lado del otro tomados de la mano. Resplandecían mientras nos contaban acerca de su vida juntos, y cada uno sonreía y escuchaba mientras al otro le tocaba el turno de hablar.

Finalmente les hice la pregunta que había estado esperando formularles: "¿Cuál es su secreto?". Su respuesta no reveló un secreto oculto que podría cambiar los matrimonios para siempre. En cambio, fue una ratificación de verdades probadas por el tiempo. La diferencia entre Ernest y Phyllis y tantas otras parejas fue que ellos se aferraron a las verdades y nunca las dejaron ir. Se conectaron, y la conexión hizo crecer su matrimonio cada año.

Ernest dijo: "Cuando empezamos, yo no creo que nadie además de Phyllis y yo nos consideró con muchas posibilidades. Ambos tuvimos que trabajar. Entonces Phyllis quedó embarazada luego de solo un año de matrimonio. Estábamos muy emocionados. Convertimos la habitación de invitados de nuestra pequeña casa en el cuarto del bebé y comenzó la planificación para nuestro hijo. Bradley nació un mes antes y vivió solo tres días. Creo que si hubiera nacido en la actualidad lo podrían haber salvado. No sabía que una persona podría resultar tan herida. Me resultaba imposible imaginar el dolor que sentía Phyllis, y yo no sabía qué hacer. Estábamos en una encrucijada. Ninguno de los dos tenía veinte años aún y nuestro mundo se derrumbaba.

"Entonces, de buenas a primera, la enfermera del médico de Phyllis nos invitó a visitar su iglesia. No estábamos en contra de la iglesia, pero nunca le habíamos dedicado un tiempo desde que nos casamos. Con seguridad no teníamos nada que perder, así que accedimos. Cuando miro hacia atrás ahora, comprendo que ese domingo fue un día milagroso para nosotros. Entramos en esa iglesia una mañana de domingo sintiéndonos tan deprimidos y vacíos como era posible estar, y un par de horas más tarde nos fuimos llenos de esperanza. El sermón estuvo bien, pero no fue por medio del mismo que Dios en realidad nos tocó.

"Mientras nos dirigíamos a una clase de la escuela dominical, una pareja mayor nos detuvo. Se presentaron y nos preguntaron si queríamos ir a la cocina de la iglesia a tomar un café con ellos. Esta fue la primera vez que supe que Dios realmente se preocupaba por nosotros. Esta pareja nos contó sobre su vida matrimonial. Hablaron sobre sus luchas y de lo cerca que estuvieron de darse por vencidos. Luego nos comentaron cómo habían invitado a Dios a formar parte de su vida y su matrimonio. No sucedió de la noche a la mañana, pero las cosas cambiaron. Sobre todo, obtuvieron una dirección nueva, una nueva esperanza y un plan para su matrimonio. Ellos nos dijeron que Dios tenía lo mismo para nosotros, y les creímos".

> **El secreto de su matrimonio: "Decidimos justo en ese momento que Dios iba a ser el centro de nuestro matrimonio y nos comprometimos a cumplir su plan para nosotros sin importar lo que fuera".**

Entonces Ernest me reveló el secreto de su matrimonio: "Decidimos justo en ese momento que Dios iba a ser el centro de nuestro matrimonio y nos comprometimos a cumplir su plan para nosotros sin importar lo que fuera". Ese fue el secreto. Eso es lo que resultó determinante. Esa decisión les permitió mantenerse en sintonía y conectados por el resto de sus vidas. Escuchamos una historia tras otra. Nos reímos y derramamos lágrimas con ellos. El suyo era un matrimonio vivo, apasionado e impresionante. Más adelante esa tarde, seguí recordando nuestro tiempo con Ernest y Phyllis. Unas pocas semanas antes había leído un estudio acerca del efecto que las relaciones buenas y conectadas tienen sobre el bienestar de uno. Las personas pueden ser más saludables y felices. La vida tiene más propósito y significado. No le encontré mucho sentido a esto cuando lo leí, pero después de conocer a Ernest y Phyllis en realidad cobró sentido para mí.

¿La esencia de la vida no tiene que ver por completo con la conexión? En primer lugar, nos conectamos con Dios y luego con nuestro cónyuge. La diferencia es entonces evidente en la vida que llevamos y la vida de la persona que amamos.

Su turno

Cuando camino por el centro comercial o en un lugar público con Nancy, veo a un montón de parejas.

Por lo general, puedo determinar con bastante rapidez si una pareja está conectada o no. No obstante, acepto que una salida para ir de compras puede no siempre ser el mejor momento para juzgar a una pareja. (Le doy al sujeto algunos puntos solo por estar en el centro comercial con su esposa.) Cuando veo lo que creo que es una pareja conectada, me emociono. Sé que ellos están experimentando lo que Dios quiere para cada pareja en el matrimonio. Cuando veo a parejas que obviamente no tienen ninguna conexión en absoluto, me entristezco, porque sé que se están perdiendo uno de los más grandes regalos que Dios nos da en esta vida.

> ## ¿Dónde está su matrimonio hoy?
>
> Si está conectado, manténgase así. No se descuide. Trabaje en ello cada día. Si no está conectado, ¿por qué no cambiar las cosas? Comience con el fundamento: Dios en primer lugar y su cónyuge en segundo.

Cuando hable con su cónyuge, no se conforme con un mero intercambio de palabras. Trate de conectarse. Intente escuchar y entender de verdad lo que su cónyuge está diciendo.

Dedique un tiempo para hacer una lista de todas las cosas que constituyen distracciones en su matrimonio. Luego tome las medidas necesarias para mantener a su cónyuge como una prioridad por encima de todas y cada una de estas distracciones. Nunca olvide que siempre le está comunicando algo a su cónyuge, incluso cuando permanece en silencio. Construya el fundamento para una comunicación excelente trabajando en la compasión, la autenticidad y la empatía. Escuche bien, y por último, haga que detenerse, mirar, escuchar sea una parte natural de su comunicación como pareja.

> ## Recuerde, la única persona a la que puede cambiar es a sí mismo.
>
> Si espera que su cónyuge cambie primero, se le acabará la vida. No obstante, si usted cambia, tal vez él o ella también lo hará. Vale la pena correr el riesgo, porque si lo hace y su cónyuge responde, pueden ser una de esas parejas que veo en el centro comercial y me hacen pensar: "¡Ahora están conectados!". ¿No sería eso bonito?

ENFRENTAMIENTO

Cómo pelear de la forma correcta

La primera vez que recuerdo haber visto a mis padres peleando, yo tenía diez años. La segunda y última vez que recuerdo haber presenciado una pelea entre ellos, tenía doce años. Eso fue todo. Durante los primeros dieciocho años de mi vida viví en casa, y solo recuerdo que ellos discutieran dos veces. Mi interpretación de esto fue que los padres que se amaban mutuamente no peleaban. Esto no me serviría de mucho más tarde cuando entré en el matrimonio. No se trataba de que yo fuera ingenuo con respecto a las peleas de las parejas. En mi vecindario, había una pareja que vivía más abajo en mi cuadra que peleaba todo el tiempo. Como niños, nos escondíamos y los veíamos reñir. Era un entretenimiento barato. Mi hipótesis fue confirmada aún más por estas dos personas: las buenas parejas no pelean y las malas sí lo hacen. Ellos eran una pareja mala, y mis padres eran una pareja buena. Suficientemente simple.

Mientras que yo crecí en un hogar bastante libre de conflictos, para mi futura esposa no fue así. Los padres de Nancy no peleaban todo el tiempo, pero cuando lo hacían, a menudo era de forma extrema. Lo que es más, ellos con frecuencia no resolvían sus problemas, por lo que los seguían confrontando una y otra vez. Eso dejó una huella en Nancy que, sin saberlo, llevó al matrimonio.

Durante los dos años que salimos juntos, nuestras peleas fueron mínimas. Las dos ocasiones en que estas se agudizaron tuvieron lugar luego de haber estado bebiendo (uno de los peligros de la vida universitaria para nosotros), así que le atribuimos esas peleas justo a eso: la bebida. Estábamos muy bien en cuanto a analizar nuestros problemas. El resto de las peleas se debían por lo general a argumentos egoístas que probablemente nunca se resolvieron debido a que eran insignificantes.

Solo años más tarde me di cuenta de que las disputas mismas no eran nuestro problema. El problema radicaba más bien en la forma en que peleábamos. Cuando están saliendo y todavía tienen mariposas en la mente de cada uno, pueden besarse y hacer las pases y mañana es un nuevo día. Nosotros nos convertimos en expertos en este método de resolución de conflictos, sin darnos cuenta de que algún día tendríamos que cambiar.

Cuando me jactaba de nuestra relación antes del matrimonio, mis pocos conocidos ya mayores me advirtieron que las cosas serían diferentes una vez que Nancy y yo estuviéramos casados y viviendo juntos las veinticuatro horas al día, los siete días de la semana. No les hice caso, porque sabía que con nosotros iba a ser diferente. Ellos podrían tener problemas porque estaban casados, pero nosotros no. Yo venía de un hogar sin peleas y establecería un hogar sin ellas. Nancy también quería eso, pero no teníamos idea de cómo nuestras familias de origen afectarían nuestro matrimonio.

No recuerdo ninguno de los detalles de nuestra primera gran pelea en el matrimonio. Solo me acuerdo de estar lanzando juramentos internamente y pensando: "Esto no es bueno". El paradigma de la pareja mala versus la pareja buena vino a mi pensamiento, y mentalmente nos estaba trasladando de la categoría uno a la dos. No tenía otro modo de explicar un par de peleas.

Pelee la buena batalla

Lo más gracioso acerca de mi trabajo de consejería es que las parejas nunca vienen a verme porque las cosas están muy bien en su relación. Vienen a mí porque se encuentran en medio de una pelea. Y como Nancy y yo tuvimos que aprender, no todas las peleas son iguales.

Donna y Charles habían estado casados por quince años cuando vinieron a consejería debido a que "peleaban todo el tiempo". Ellos tampoco bromeaban. En la primera hora que fui parte de sus vidas, discutieron en cinco ocasiones. No pudieron ponerse de acuerdo sobre las historias de sus desacuerdos. Les pedí que pensaran en un tiempo de su matrimonio en el que no peleaban. Ambos reconocieron que habían disfrutado de una temporada así, solo que no pudieron ponerse de acuerdo sobre cuándo esta tuvo lugar.

Al terminar la sesión, llegué a la conclusión de que realmente habían peleado la mayor parte de los quince años de su matrimonio. Eso es un largo tiempo para que los problemas no resueltos se acumulen. Discutían por las mismas cosas una y otra vez. Nadie se casa esperando pelear todo el tiempo. Tampoco Donna y Charles. Así que, ¿cómo llegaron a tal desastre?

Idealmente, una pareja supera todas las etapas para hacer crecer su matrimonio. Identifican sus locuras, buscan a Dios de forma individual y juntos, y aprenden a conectarse. Esto establece un fundamento que es saludable y permite el crecimiento. Sin embargo, Donna y Charles nunca habían edificado ese fundamento.

La madre de Donna era una de esas personas que piensan en blanco y negro. Las cosas eran correctas o incorrectas, y no había un terreno intermedio. En su mente, ella decía la verdad porque esa era la verdad. Si la verdad dolía, estaba bien,

> **Idealmente, una pareja supera todas las etapas para hacer crecer su matrimonio...Esto establece un fundamento que es saludable y permite el crecimiento.**

porque según el panorama general había que decirla. La relación de Donna con su mamá era buena. Ella entendió a su madre y nunca puso en duda el amor que su mamá sentía por ella o los motivos que yacían detrás de cualquier cosa que dijera. Las heridas pequeñas se vieron eclipsadas por el panorama general.

Charles era sensible. Su mamá y su papá decían que siempre había sido así. Ellos aceptaron a Charles como era y fueron cuidadosos en su trato mientras crecía en su hogar. Así que cuando Charles se enamoró en la universidad, la caída fue dura. Charles quería casarse con la chica, pero ella estaba lejos de sentirse lista para ese tipo de compromiso. Sin embargo, disfrutaba del dinero que Charles gastaba en ella.

Pronto se descubrió que podía controlarlo y conseguir que Charles hiciera cualquier cosa que ella quisiera. Para él resultaba más fácil cumplir los deseos de la chica que enfrentarla. Además, si no lo hacía, ella podría volverse un poco cruel, y eso dolía. Y él no iba ser herido. La relación duró un poco más de un año hasta que finalmente Charles resultó lastimado...y todo terminó. Donna parecía diferente cuando Charles la conoció. Él sentía que podía bajar la guardia junto a ella. Y a pesar de que le decía algunas cosas que lo lastimaban, lo hacía debido a su amor por él...o al menos eso dijo. Ellos salieron un tiempo juntos y se casaron. Mientras el amor de Donna por Charles crecía, así también lo hizo su honestidad desenfrenada. Después de todo, la honestidad de su madre fue siempre una señal clara de que amaba a Donna. Sin embargo, Charles no lo vio de esa manera. A medida que Donna se volvía cada vez más honesta con Charles, el dolor se hizo más difícil de soportar. Por último, Charles se puso firme y comenzó defenderse.

Hay ocasiones en un matrimonio cuando uno de los dos necesita decir ciertas cosas que el otro puede no querer oír. No obstante, primero es necesario construir un fundamento tan sólido de amor y confianza que resulte fácil para cada uno decir la verdad sobre la vida del otro.

En nuestro matrimonio, valoro las opiniones de Nancy. Sé que ella me ama profundamente y siempre tiene mi mejor interés en el corazón. Debido a esto, prefiero escuchar de ella algo que necesito saber antes que de cualquier otra persona. ¿Siempre ha sido así? Probablemente no, pero con el tiempo hemos construido una relación con este nivel de confianza y franqueza. Para la mayoría de las parejas, esta es una parte difícil de un matrimonio saludable. Ninguno de nosotros acepta la crítica. No obstante, si Dios quiere que yo escuche algo que hará que mi vida y la vida de los que me rodean sea mejor, quiero escucharlo de alguien en quien confío y cuyo amor por mí prevalece sobre cualquier temor a decir lo que necesita decirse. En mi vida, ese alguien es Nancy.

¿Qué hay de usted y su cónyuge? ¿Está dispuesto a decir con amor las cosas difíciles que a veces necesitan ser dichas? ¿Ha construido o está construyendo un fundamento que permite este tipo de franqueza y honestidad? Si usted no dice estas cosas, ¿quién lo hará?

Perdone las peleas pasadas

Charles no solo era sensible, sino también tenía una memoria mejor que la del elefante más inteligente. Esto es cierto con respecto a toda su vida y ciertamente también a los quince años de su matrimonio. Esa fue una de las muchas razones por las que nunca resolvieron los problemas; Charles nunca se olvidaba de nada. En medio de todo argumento, él podía sacar a relucir algo que Donna dijo o hizo en el pasado para reforzar su caso en el presente. Su arsenal estaba lleno de municiones. Guardaba hasta la cosa más pequeña que Donna hacía mal para que cuando llegara el momento de pelear, su arsenal estuviera lleno de municiones.

El problema con esta estrategia es que mantiene a los integrantes del matrimonio atascados en el pasado e incapaces de crecer y progresar juntos hacia el futuro. Desenterrar el pasado y lanzarlo en medio del conflicto presente no resuelve nada. En realidad, por lo general solo empeora las cosas.

El modelo sano no implica quedarse atrapado en el pasado, sino moverse hacia adelante: identificar el problema, solucionarlo y avanzar... dejando el problema resuelto atrás.

¿Con qué frecuencia usted o su cónyuge arrastran el pasado hasta el presente? ¿Puede usted dejar en el pasado un problema una vez que se resuelve? ¿Qué problemas no resueltos enfrentan ahora que sabe que saldrán a la superficie de nuevo en el futuro? ¿Qué haría falta para que puedan resolver esos problemas ahora? ¿Cuál es el primer paso?

Elija sus palabras con sabiduría

Charles se vio afectado por la honestidad de Donna, de modo que asumió una posición defensiva. Mientras que las palabras honestas y veraces que Donna le dijo a Charles fueron expresadas con amor, las de Charles no lo fueron. A medida que pasaba el tiempo, las palabras y los motivos poco amables solo abrieron una brecha entre ellos cada vez más profunda. Después de todo, ¿cómo se puede confiar en alguien que activamente almacena culpa contra usted?

Piense en su actitud hacia su cónyuge. ¿Es crítico? ¿Es rápido para juzgar? ¿Guarda resentimientos para usarlos en sus discusiones en un tiempo futuro? Si lo hace, ¿cuál es la respuesta de su cónyuge? ¿Está eso ayudándolo a construir el matrimonio que desea?

Hay montones de versos en la Biblia que nos advierten de los peligros de la lengua, de las palabras que hablamos. Santiago 3:8 dice: "Nadie puede domar la lengua. Es un mal irrefrenable, lleno de veneno mortal". Esto es una advertencia sin ningún tipo de restricciones que resulta válida tanto para los tiempos de antaño como para la actualidad. Así que pídale a Dios que lo ayude a hablar palabras llenas de amor y vida en sus relaciones, en especial a su cónyuge.

Elija sus batallas

Mientras doblábamos la curva y nos dirigíamos al cuarto año de nuestro matrimonio, habíamos empezado a pelear por muchas razones. Peleábamos por lo que nos decíamos el uno al otro y peleábamos por lo que no nos decíamos el uno al otro. Peleábamos por lo que íbamos a hacer y no hacer. Peleábamos por el dinero que íbamos a gastar y el dinero que se iba a ahorrar. Algunas de las peleas duraron poco y otras se mantuvieron por días.

La mayoría de las veces no podía recordar durante una semana por qué habíamos discutido la anterior, pero el daño permanecía. Las peleas se amontonaban una tras otra y nosotros nos separábamos cada vez más. No sabíamos cómo elegir nuestras batallas, así que simplemente peleábamos por todo.

Algo tenía que cambiar.

Elegir sus batallas es una estrategia muy buena, y esto sería más o menos así. Cuando algo acerca de su cónyuge le molesta, usted tiene una elección que hacer. Si vale la pena lidiar con el asunto, puede actuar para resolverlo justo en ese preciso momento.

Si usted nunca ha intentado poner algo en manos de Dios, escoja un problema con el que está luchando y simplemente diga: "Dios, te estoy entregando esto".

Sin embargo, hay una diferencia entre hablar con su cónyuge y pelear con su cónyuge acerca de eso. Esa es la primera opción.

Si se trata de una cosa pequeña, puede optar por olvidarse de ella. Usted acaba de decidir no pelear una batalla. ¡Felicitaciones!

En lugar de ocuparse del asunto por sí mismo, puede decidir entregárselo a Dios. Tal vez algunos están pensando: "¿Qué significa entregarle algo a Dios?". He aquí mi opinión sobre eso. Creo firmemente en un Dios que se preocupa por mí y mi vida. Él quiere que mi matrimonio sea muy bueno, y su plan para mi matrimonio supera a mi plan en gran manera.

Dios, entonces, es el filtro a través del cual refino nuestro conflicto. Si algo que Nancy hace me molesta, puedo decir: "Está bien, Dios, ¿qué hago con esto? ¿Cómo respondo? ¿Le respondo ahora? ¿Lo dejo pasar? ¿Permito que tú te encargues del asunto, sabiendo que cualquier cosa que hagas será buena para mí y mi matrimonio?".

Este no es un paso fácil para mí, sobre todo si estoy molesto o enojado (y en ese punto, por lo general lo estoy). Me gustaría mucho tomar más bien el asunto en mis propias manos y luego dejar que Dios arregle el desorden que hice. Puedo ser bueno en este proceso. Sin embargo, no importa cuán bien pueda sentirme a corto plazo, no me siento bien con el tiempo y nunca logro lo que quiero para mi matrimonio.

Si usted nunca ha intentado poner algo en manos de Dios, hágalo ahora. Escoja un problema con el que está luchando y simplemente diga: "Dios, te estoy entregando esto. Necesito tu ayuda y necesito tu respuesta. Gracias".

Ahora viene la parte difícil. *Deje el asunto con Dios.* Lo sé. ¿Y si Él no lo escuchó? Sí lo hizo. ¿Y si Él no actúa tan rápido como usted quiere que lo haga? Su tiempo es perfecto. ¿Y si...? Deténgase. Deje el asunto en manos de Dios. Le prometo que Él no le fallará.

Una nueva estrategia de pelea

¿Y qué tal si la respuesta de Dios es que usted necesita resolver la cuestión —y hablar sobre esto francamente— con su cónyuge? Hay una serie de métodos de resolución de problemas. El nuestro es simple y funciona. Avancemos a través de los diferentes pasos.

1. Ore que Dios lo guíe a través del proceso, y luego acuerde con su cónyuge un momento y un lugar para discutir el problema.

Esto puede parecer simplista, pero le aseguro por experiencia que resulta vital.

Dios siempre tiene que ser nuestro primer paso. Esto nos permite calmarnos e invitarlo a ser parte del proceso. Él tiene soluciones con las que nosotros no contamos por nuestra propia cuenta. Ya hablamos de orar juntos en un capítulo anterior, así que, por ahora, ore de la forma que resulte más cómoda para usted. Lo importante es que ambos involucren a Dios en el proceso. A continuación, encuentren el momento y lugar en el que funcione. Para muchas parejas, resulta útil reunirse en un lugar neutral, como una cafetería o un restaurante. Esto los aleja de las distracciones que podrían encontrar en casa y también los ayuda a mantener la discusión calmada.

Cuando Nancy y yo estábamos tratando de salir de nuestro agujero de problemas no resueltos, buscábamos un momento para hablar sin escogerlo bien. Por ejemplo, una vez decidimos conversar después que los niños estaban en la cama. Fue una gran idea en teoría, excepto porque yo estaba agotado. Mientras esperaba a Nancy, me quedé dormido minutos antes de que nos reuniéramos a las 10:30 p. m. Como se podrá imaginar, a mi esposa esto no le pareció bien y solo complicó el problema.

Mi solución posterior fue hablar en la mañana del día siguiente antes de que los niños se despertaran. Yo estaba dispuesto a renunciar a mi carrera matutina para resolver las cosas entre nosotros. Nancy no se sentía muy entusiasmada con la idea, ya que ella no es una persona mañanera, pero a regañadientes accedió. A la mañana siguiente me di cuenta de que la idea de elegir un momento temprano era un error. Ella tenía razón, y esta vez no iba a funcionar.

Solución: el domingo por la tarde después de llevar a los niños a la casa de un amigo. Finalmente, funcionó. Ese domingo por la tarde no había distracciones para ninguno de nosotros. Los niños se encontraban en un lugar seguro en el que les encantaba estar. Ninguno de nosotros tenía otro compromiso, así que la tarde era nuestra.

Si encontrar el momento y el lugar adecuados para hablar no le parece importante, considérelo de esta manera. ¿Qué pasos usted sigue si necesita tener una reunión importante con un compañero de trabajo a fin de resolver un problema? Usted establece una hora específica para encontrarse. A continuación, garantiza que pueda tener un lugar donde reunirse, y finalmente se asegura de que su horario esté libre para que no haya interrupciones.

Si le preguntara a las personas si su matrimonio es tan importante como su trabajo, la mayoría diría que sí, y muchos afirmarían que es más importante. ¿No tiene sentido entonces seguir los mismos pasos para resolver los problemas en el matrimonio que aquellos que lleva a cabo en su trabajo? Esto puede ser determinante a fin de solucionar el problema en lugar de complicar las cosas todavía más.

2. Pónganse de acuerdo en cuanto al problema, con cada uno de ustedes asumiendo la responsabilidad por su parte del mismo.

Este paso también es el resultado de nuestras experiencias. Usted podría pensar que dos personas tan inteligentes involucradas en el mismo conflicto serían capaces de ponerse de acuerdo con respecto a aquello sobre lo que estaban peleando. ¿Adivina qué? A veces, Nancy y yo ni siquiera podíamos ponernos de acuerdo sobre la fuente de nuestro conflicto.

Intenten esto. Permitan que uno de ustedes plantee el problema como lo ve. Entonces el otro puede estar de acuerdo o exponer su punto de vista. A veces eso se debe simplemente a una cuestión de semántica, y a veces es porque en realidad hay dos cuestiones que deben ser tratadas. Si hay dos cuestiones, entonces tienen que resolver dos problemas. Sepárenlos y traten con ellos uno a la vez.

Ahora viene la parte crucial: asumir la responsabilidad. En todos los años que he aconsejado a las parejas, nunca he visto una situación en la que ambos no tengan alguna responsabilidad. Esta podría haber sido del uno al noventa y nueve por ciento, pero ambos desempeñaban un papel en el problema. Por lo general, la cifra está bastante cerca de 50/50. Para el momento en que el conflicto se ha agotado, ambos han jugado un papel importante. (De acuerdo, sé que puede haber alguna excepción, pero ese no es el punto aquí.)

Uno de los problemas que enfrentamos cuando nuestros hijos llegaron a la adolescencia fue la hora de regresar a la casa. En realidad, el problema no era la hora de regreso, sino cómo íbamos a tratar a los niños cuando infringieran el horario establecido. Voy a darle más información acerca de mí mismo de la que debiera, pero creo que me ayudará a dejar las cosas en claro.

Cuando era adolescente, mi horario de llegada por lo general rondaba la medianoche. Si se trataba de una ocasión especial, mis padres con frecuencia me dejaban estar fuera hasta más tarde. Casi siempre cumplí con la hora de llegada… al menos con solo cinco o diez minutos de diferencia. La historia subyacente es que hubo noches en que llegaba a la puerta de entrada, les daba un beso de buenas noches a mis padres, iba a mi habitación, actuaba como si me fuera a acostar, y luego me deslizaba por la ventana del dormitorio. Si eso no fuera suficiente, escuche esto, ¡nunca me descubrieron! No es que lo hiciera cada fin de semana, pero a lo largo de un par de años sucedió más veces de las que puedo contar con los dedos de las manos y los pies.

Ahora bien, Nancy y yo estuvimos de acuerdo en los horarios. Convenimos en darles un período de gracia de cinco o diez minutos. Estuvimos de acuerdo en que si no cumplían, enviaríamos al culpable a la cama y tomaríamos la decisión sobre la aplicación de la disciplina a la mañana siguiente.

Ahí fue cuando las cosas no funcionaron. Uno de nosotros se mostró bastante flexible en cuanto a la disciplina y el otro bastante estricto. ¿Adivina quién fue flexible? Correcto. El tipo que nunca había sido atrapado. Si yo estaba despierto y alguien llegaba tarde, por lo general le decía que se fuera a la cama y nunca le mencionaba a Nancy que alguien había violado la hora de llegada. Si era Nancy la que estaba despierta y alguno llegaba tarde, era castigado de inmediato para el próximo fin de semana.

Debido a que ninguno de los dos estaba haciendo lo que habíamos acordado, les estábamos enviando un mensaje confuso a nuestros hijos. Lo que es peor, ninguno de los dos sabía lo que hacía el otro. Nancy finalmente comenzó a darse cuenta de todo cuando, antes de salir de casa, los chicos empezaron a preguntar: "¿Quién va a esperar por nosotros para recibirnos esta noche?". Era el momento de volver a examinar la cuestión del horario, incluyendo las consecuencias por romperlo. Ambos teníamos responsabilidad en el fracaso de nuestro plan inicial, y sería necesario que los dos trabajáramos juntos para establecer un frente común ante los niños. ¿Cómo se aplica esto a usted? Mi experiencia es que si ambos no están dispuestos a asumir la responsabilidad personal, muy bien podrían detenerse aquí. Nunca van a resolver el problema.

3. Analicen las posibles soluciones.

La evaluación de las diferentes soluciones fue un paso difícil para mí. Ya que ayudo a la gente a resolver sus problemas en la vida, me parecía lógico que yo tuviera la solución correcta para resolver cada problema que enfrentábamos. Sin embargo, por alguna razón, Nancy no veía las cosas de esta manera. En la escuela de postgrado tuve un profesor muy sabio que nos dijo que debíamos recordar que nunca podíamos aconsejar a nuestra propia familia. En algún momento a lo largo del camino, olvidé esa advertencia hasta que Nancy amablemente me recordó la verdad.

Analicen las soluciones. Hagan una lista. Este es un buen momento para utilizar: Detenerse, mirar, escuchar. Por turnos, ofrezcan soluciones. Cualquiera que sea la solución que decidan poner en práctica, ambos necesitan apoyarla cien por ciento.

4. Pónganse de acuerdo sobre un tiempo futuro para reunirse y evaluar su progreso.

Este será un tiempo para hacer cualquier ajuste necesario que resultaría útil. Sin este paso de evaluar su progreso, todo el esfuerzo que han hecho hasta este punto se perderá. ¿Qué tal si su solución era buena, pero necesitaba algunos ajustes que nunca se hicieron? ¿Qué tal si la solución no funcionó en absoluto y necesitaban volver al paso tres una vez más? Si no evalúan cómo marchan las cosas, pueden pasar unas pocas semanas e incluso meses, y entonces descubrirán que han vuelto a caer en los viejos patrones. Su falta de compleción puede complicar el problema todavía más, así que dediquen el tiempo a evaluar su progreso.

5. ¡Celebren su éxito!

Esta es la parte divertida, así que no la dejen fuera. Han avanzado a través de los pasos del uno al cuatro: orando y determinando un

Enfrentamiento: Cómo pelear de la forma correcta

momento y lugar para reunirse, poniéndose de acuerdo sobre el problema y asumiendo ambos la responsabilidad, imaginando posibles soluciones y eligiendo una para ponerla en práctica, y establecimiento un tiempo futuro a fin de evaluar el progreso. Ahora es el momento de celebrar, y hay algo especial en celebrar nuestros éxitos. Esto nos da una sensación de logro y también la confianza de que sin importar lo que enfrentamos, con la ayuda de Dios, siempre hay una solución. Eso es realmente algo para celebrar.

Tiempo de espera

Para la tercera o cuarta sesión, ya tenía una muy buena idea de Charles y Donna y su matrimonio. Quince años de hacer las cosas de manera equivocada cobran un peaje en las personas y los matrimonios. Me sorprende lo fácil que es para nosotros quedarnos atascados en patrones destructivos a pesar de que no nos llevan a ninguna parte. Una de las cuestiones que continuaban causándoles problemas a Charles y Donna era la rapidez con que sus discusiones podían intensificarse. Charles me comentó que ellos podían pasar de cero a sesenta en un tiempo récord, y una vez que estaban en sesenta, las cosas iban de mal en peor en una fracción de segundo.

Así que les presenté una nueva herramienta para guardarla en la caja de herramientas de su matrimonio: el tiempo de espera.

En casi todos los deportes que se me ocurren hay tiempos de espera. En el béisbol, puede tratarse del tiempo que un entrenador necesita para evaluar si su lanzador puede continuar o tiene que salir del juego. En el fútbol, puede ser el tiempo que se emplea a fin de diseñar una jugada para una primera oportunidad o una anotación que permita ganar el partido. En el baloncesto, el entrenador puede estar tratando de estabilizar a sus jugadores o cambiar la velocidad. Los tiempos de espera resultan esenciales en los deportes, y cuándo y cómo se utilizan pueden desempeñar un papel importante en el éxito o el fracaso de un equipo.

111

> ### *¿Qué tal si tomara un tiempo de espera en su matrimonio?*
> Utilícelo justo como un entrenador lo hace. Tómese el tiempo para estabilizar las cosas, evaluar la situación, y hacer los ajustes que asegurarán un resultado exitoso.

Les sugerí el tiempo de espera a Charles y Donna y les di algunos parámetros a fin de que lo utilizaran de manera eficaz.

En primer lugar, les dije que, al igual que en los deportes, la oportunidad de usar el tiempo de espera es importante. Si lo usan simplemente para detener una pelea que se intensifica, pero no abordan el problema, lo desperdician. El problema probablemente va a regresar con una venganza.

En segundo lugar, cualquiera de los cónyuges tiene derecho a solicitar un tiempo de espera si siente que las cosas se les están yendo de las manos. El otro necesita honrar siempre el tiempo de espera.

Y en tercer lugar, el que primero solicita el tiempo de espera es responsable de dirigir la resolución del conflicto. Esto implica establecer la duración del tiempo de espera (no más de veinticuatro horas) y el lugar donde podrían reunirse de nuevo. Durante el tiempo de espera, ambos deben dedicarse a resolver el problema. Esto significa tomarse un tiempo para orar y analizar detalladamente los pasos necesarios a fin de resolver el problema cuando vuelvan a estar juntos. El tiempo de espera le permite a la pareja calmarse, reagruparse y volver a reunirse con una nueva perspectiva y el objetivo de resolver el problema juntos.

Donna y Charles aceptaron el tiempo de espera por completo. En parte debido a que estaban desesperados por detener el conflicto y en parte porque les dio alguna esperanza de que incluso después de quince años de turbulencia las cosas podrían ser diferentes.

¿El tiempo de espera ayudaría a su matrimonio? ¿Podría usted estar de acuerdo con los mismos pasos simples que Donna y Charles aceptaron? Los tiempos de espera están destinados a producir un cambio en el juego para un matrimonio. Fue así para

Donna y Charles, y puede ser así para usted. Permita que lo ayude a detener el patrón destructivo, tómese un tiempo para reorganizarse y regrese con un enfoque y un propósito nuevos.

Prevenga las peleas por la conexión

Con la mayoría de las parejas, los problemas que se presentan en la primera sesión son drásticamente diferentes a los temas que tratamos en las últimas sesiones. A menudo las parejas simplemente no quieren mostrar toda la ropa sucia el primer día. Ellos pueden ser prudentes y necesitan tener un poco de confianza en mí. Lo comprendo, y estoy totalmente de acuerdo con eso. Si una pareja no logra confiar en mí, no puedo ni siquiera comenzar a ayudarlos. Otras parejas sencillamente no están al tanto de todas las cuestiones que les causan problemas. Se necesita algún tiempo para exponer las cosas y mirar debajo de la superficie.

Por cualquier razón que sea, la mayoría de las relaciones, especialmente aquellas que han sido poco saludables por mucho tiempo, no se componen con rapidez. Se requiere todo un proceso para ayudar a una pareja a superar todas aquellas cosas que han estado impidiendo el crecimiento. Cuando Donna y Charles acudieron a mí, la profundidad de sus conflictos no era evidente. El asesoramiento continuo finalmente reveló una miríada de problemas ocultos. Su vida matrimonial se asemejaba a caminar por un campo minado, plagado de las repercusiones de las decisiones anteriores. ¡No es de extrañar que estuvieran estresados! Sin embargo, a medida que los fui conociendo mejor, percibí el estrés en casi todos los aspectos de sus vidas.

Donna tenía un empleo de un ritmo acelerado y corporativo, y ella era una de las estrellas. Comenzando antes de casarse, había ascendido la escalera con bastante rapidez y disfrutaba de su ascenso. Al mismo tiempo, Charles tenía una práctica muy exigente. Siendo un contador público certificado que era dueño de su propia empresa, disfrutaba de una reputación impecable, y su negocio había crecido más rápido de lo que hubiera podido esperar. Charles se enorgullecía del contacto personal que mantenía con sus clientes, de modo que se reunía con ellos para desayunar, tomar un café, almorzar, cenar, beber algo; cualquier momento y lugar eran adecuados. El golf representaba también una parte importante de la vida de Charles, y justificaba el tiempo que pasaba en el campo de golf jugando solo con sus clientes. Para pagarle con la misma moneda, desde que Charles jugaba golf, Donna decidido practicar el tenis, jugando tres noches a la semana.

Antes del matrimonio, habían hablado de tener una familia, pero Donna pronto se dio cuenta de que enfrentaba la realidad de la infertilidad. Sus compromisos profesionales tan exigentes causaron que de continuo pospusieran las pruebas y procedimientos. ¿Y ahora? Ellos ni siguieran soñaban con traer a un niño a este desastre.

A medida que hacían un recuento de sus vidas, finalmente les pregunté: "¿Cuándo tienen ustedes tiempo para su matrimonio?". La respuesta fue tan obvia como sus miradas perdidas.

Pocas parejas sobreviven con ese nivel de estrés durante quince años. Sin intervención, habrá un punto de ruptura. En la cultura tan ocupada en que vivimos hoy, no es inusual para una pareja joven tratar de hacer demasiado y poner al matrimonio al final de todo. Es imposible comenzar un matrimonio, ascender la escalera corporativa, formar una familia, arreglar una casa o dos y esperar construir un matrimonio sano, todo al mismo tiempo, sin algún nivel de costo personal. No hay suficientes horas en el día, días en la semana, o semanas en un año.

Usted va a tener que tomar muchas decisiones. Si cree que puede dejar la edificación de su matrimonio para más tarde, cometerá un error. Esto no funciona de esa manera. Recuerde, Dios primero y su cónyuge en segundo lugar, y todas esas otras cosas de las que hemos estado hablando en esta sección tienen que venir detrás de ellos.

Las cosas por las que no tiene que luchar

Con el éxito profesional que Charles y Donna alcanzaron, se podría pensar que no tenían problemas financieros, pero sí los tenían. Recuerde que avanzaban por la vía rápida hacia el éxito, y compraron la mayoría de las cosas que van anexadas a ese estilo de vida. Nuevas viviendas, nuevos coches, una embarcación y la casa del lago (la cual usaron dos veces en los últimos tres años), una membresía en un club de campo y mucho más. Ellos nunca se extendieron más de lo que podían permitirse, pero estaban bastante presionados, y eso los mantenía en la carrera por ascender.

Donna y Charles habían pensado que mientras permanecieran en la carrera, podían hacer malabares con todas las cosas; pero si algo salía mal en sus profesiones, todo podría desmoronarse. En medio de nuestra charla, les pedí que pensaran en un momento de su matrimonio en el que se sentían más felices. Ambos me dieron la misma respuesta... y curiosamente, no tenía nada que ver con una casa en el lago o el club de campo.

A pesar de todos los desacuerdos de Donna y Charles, ellos estaban perfectamente de acuerdo en una cosa: nunca se habían sentido más enamorados que antes de que todas sus posesiones materiales formaran parte de sus vidas. La mejor temporada de su matrimonio se remontaba a los primeros días, cuando la escalera profesional se encontraba delante de ellos y el ascenso aún no había comenzado. Los días anteriores a las casas grandes, los coches de lujo y todas las otras cosas que le permitimos a nuestra cultura proclamar a voces como éxito. Donna y Charles hicieron una elección en aquellos primeros días. Ellos podrían construir un matrimonio o construir un imperio. Eligieron el imperio, sin darse cuenta de que estaban escogiendo a uno sobre el otro.

Hace poco llevé a cabo un experimento que creo que ilustra nuestro problema continuo con las posesiones. Mientras veíamos el Super Bowl—y su abundancia de anuncios—este año, tomé una hoja de papel y tracé una línea por el medio. En un lado hice una lista de los anuncios que promocionaban productos que necesitaba. Estos eran los productos sin los que sinceramente no podría vivir. En la otra mitad del papel anoté los productos "superfluos", aquellos que me gustaría tener, pero que no constituían necesidades. Para el medio tiempo, ya sabía a dónde iba mi lista. Si se tratara de una embarcación, se hubiera volcado: mi lista estaba por completo desequilibrada. En realidad, todos los elementos estaban en un lado. No había un solo producto bajo el título "necesito esto para sobrevivir".

Mi lista me hizo percatarme de que hay un montón de cosas en mi vida que quiero, pero no necesito. No puedo lanzarle piedras a nadie que elige construir un imperio. Todos tenemos uno. El mío puede parecer diferente al suyo, y el suyo puede tener un aspecto diferente al de Charles y Donna, pero si nos fijamos bien, descubriremos uno. Tampoco me opongo a que alguien tenga buenos carros o casas o zapatos. Sin embargo, estoy en contra de cualquier cosa que decidamos poner por encima de Dios y nuestro cónyuge, y si no somos totalmente honestos con nosotros mismos, podemos caer en la trampa de justificar casi todo lo que elegimos hacer.

La forma en que vemos nuestras cosas, y cuánto gastamos en ellas, es a menudo un tema oculto en el matrimonio que nos puede hacer daño si no le damos una mirada crítica. Parece que pensamos que si alguien puede pagar las cuentas, es capaz de permitirse su estilo de vida. No obstante, pagar las facturas no conlleva a un buen matrimonio. Una gran casa no implica un buen matrimonio. Lo que permite lograr un buen matrimonio no es lo que usted invierte en posesiones materiales, sino lo que invierten el uno en el otro.

¿Cómo el dinero y las posesiones afectan su matrimonio? ¿En qué lugar se encuentran usted y su cónyuge con respecto a este asunto? Cada pareja, ya sea que se percate de esto o no, está tratando de construir algo. La pregunta entonces es qué está tratando de construir.

Influencias buenas y malas

Si usted está en la posición en que Charles y Donna se encontraban, ¿cómo llegó allí? ¿Quién cree que lo haya influido? Cuando les hice esa pregunta, ellos me dijeron que nadie. En realidad, creo que Charles se sintió un poco ofendido por la pregunta. Yo sabía que iba a ser necesario remover algunas cosas para conseguir que ellos vieran un panorama más general.

Donna disponía de poco tiempo para tener una pequeña charla en el trabajo. Ella era una de las personas en el nivel superior de la empresa, una corporación "todo negocio y nada de ocio". Su principal razón para jugar al tenis, al menos al principio, era desquitarse con Charles por el tiempo que pasaba en el campo de golf. Esa respuesta brotó de la boca de Donna bastante fácilmente. Mientras más jugaba al tenis, más le gustaba, y ella estaba empezando a disfrutar de algo que había estado faltando en su vida por un largo tiempo. Amigos. El tenis era competitivo e intenso, pero resultaba agradable tomar luego una o dos bebidas, y todo el mundo parecía bajar la guardia.

En los primeros días ella jugaba al tenis, tomaba una copa con sus amigos, y luego regresaba a casa. Con el paso del tiempo, esa sola copa se convirtió en dos o tres, o incluso cuatro. Como su tiempo juntos luego del tenis se extendía desde treinta minutos hasta tanto como dos horas, así también lo hicieron sus conversaciones. Y mientras las bebidas seguían llegando, del mismo modo surgieron las revelaciones, hasta que todos conocieron los secretos del otro.

En un primer momento, Donna encontró algo de consuelo en saber que los matrimonios de todos los demás tenían problemas igual que el suyo. Ninguno de sus amigos se preocupaba por mejorar su matrimonio, y una o dos de las mujeres estaban incluso coqueteando con otros hombres. Nadie animó a Donna a mantener su relación. Nadie le dijo que había esperanza, y nadie la animó a dejar de beber e irse a casa a fin de pasar un tiempo con su esposo. Estas mujeres se convirtieron en amigas íntimas y confidentes de Donna, sin embargo, a ninguna le importó que su matrimonio estuviera desintegrándose.

Charles, por otra parte, se sentía muy influenciado por su familia. Él era muy cercano a su madre, y tenía una hermana mayor a la que consideraba como una segunda madre para él. Su padre era bueno, pero muy callado y reservado. Su hermana nunca se había mostrado muy entusiasmada con Donna o su matrimonio. Ella pensaba que Donna era alguien aceptable, pero también pensaba que no era el tipo de mujer que Charles necesitaba para casarse. Su madre se sentía de la misma manera. A través de los años ellas desaprovecharon pocas oportunidades de expresar su opinión sobre Donna o hablar de lo que hacía o no. No era un asalto total, pero con el tiempo hicieron mella en Charles y su punto de vista de su matrimonio.

Charles nunca participó mucho en estas conversaciones, pero escuchó cada palabra que su madre y su hermana dijeron, y las escondió en su corazón. Esto hizo que fuera más fácil que convirtiera al trabajo en su enfoque si estaba en la oficina, almorzando o cenando con un cliente, o en el campo de golf. Esta era su vida, y a él le gustaba de esa manera.

Mientras Charles escuchaba a Donna contar su historia y Donna escuchaba a Charles contar la suya, la imagen entró en foco para ambos. Los dos se dieron cuenta de que sus puntos de vista acerca de su matrimonio estaban definitivamente influenciados por su familia y amigos, y la influencia no era sana en absoluto para su matrimonio.

¿Quién influye en usted?

Todos tenemos personas que nos hablan en nuestra vida. Algunos hablan palabras saludables y llenas de aliento y otros hablan de podredumbre y decadencia. ¿A quién le gusta escuchar? ¿Escucha a los que defienden su matrimonio y lo animan como cónyuge? ¿Se comprometerán a ayudarle a aguantar hasta el final y nunca renunciar a su matrimonio? ¿Habla con personas que le dan esperanza?

Nos guste o no, lo creamos o no, estamos influenciados por la familia y los amigos. Si su grupo de amigos y su familia juegan en su vida el papel que desempeñaron en la vida de Charles y Donna, algo necesita cambiar. La salud de su matrimonio depende de ello.

Intensificación del conflicto

Cuando usted no se comunica durante quince años, una gran cantidad de cosas importantes se quedan por decir. Sin embargo, ya era hora de que Donna y Charles tomaran en serio la tarea de ponerse al tanto uno al otro. Así que les di una asignación para el hogar. Cada uno debía hacer una lista de todas las expectativas que recordaban haber traído al matrimonio como recién casados. Luego les pedí a cada uno que hiciera una segunda lista de sus expectativas con respecto al otro y a su matrimonio hoy en día.

La primera lista de Charles no fue muy larga y no contenía nada sorprendente. Él quería mucho sexo y una mujer que cuidara de él. Cuidar de Charles significaba hacer funcionar todo en su vida excepto su negocio, y que funcionara de la manera en que él quería. Consideraba que su lista contenía dos tareas sencillas que Donna había fracasado por completo en cumplir. Admitió que el sexo era bueno al principio, pero según su opinión comenzó a nivelarse con bastante rapidez. Donna cuidó de él, pero lo hizo a su manera, y eso le causó mucho resentimiento.

La lista de Donna incluía un romance que nunca se desvaneciera, un marido que proveyera para ella, y un matrimonio que se fortaleciera cada año. Fracaso uno, fracaso dos y fracaso tres. Charles proveyó, pero Donna nunca confió en que lo hiciera al nivel que ella quería.

Ahora bien, ¿puede usted creer que esta era la primera vez que Donna y Charles compartían sus expectativas matrimoniales el uno con el otro? ¡Hablando de una crisis de comunicación! Ahora se hallaban quince años más adelante en el camino de la vida juntos, y cada uno de ellos seguía aferrado con fuerza a su lista de expectativas del primer día sobre la cual ninguno de los dos sabía nada.

El hecho de que ni Donna ni Charles pudieran describir una expectativa actual de su vida en común nos reveló muchas cosas a los tres. Cuando usted no tiene esperanza, no tiene expectativas.

No hay perspectivas de mejoramiento. Aplique esto a un matrimonio, y podrá decir que está muerto y esperando a ser enterrado. El matrimonio de Donna y Charles se encontraba en un ataúd en la parte trasera de una limusina en el camino hacia el cementerio. La resurrección de este matrimonio iba a requerir un milagro.

Sin embargo, nunca debió ser de esta manera.

¿Cuáles son sus expectativas en el matrimonio? ¿Cuáles son sus expectativas con respecto a su cónyuge? ¿Sabe su cónyuge cuáles son? Tómese el tiempo para hacer su lista. A continuación, comenten sus listas el uno con el otro. Luego puede decidir si son realistas o poco realistas. Converse sobre las maneras de responder a las expectativas de los demás. Este proceso puede hacerlos trabajar juntos en su matrimonio y buscar satisfacerse el uno al otro de manera saludable en lo que a sus expectativas se refiere. Su matrimonio será mejor debido a esto.

Las aguas peligrosas de la adicción

A la mayoría de nosotros nos resulta difícil entender las adicciones, e incluso más cuando se producen en nuestro matrimonio. Mi experiencia ha sido que, en la mayor parte de las situaciones, la adicción gobierna. Esta se antepone a su cónyuge, hijos y todo lo demás. Las adicciones en el matrimonio son la causa de muchos de los conflictos que se producen.

La disfunción y el conflicto a menudo van de la mano. Así que cuando pensamos en las adicciones, a la mayoría de nosotros nos viene a la mente el alcohol. Este por lo general recibe la mayor publicidad y los grupos de AA han sido parte de nuestra cultura durante un largo tiempo.

¿Donna era una alcohólica? Este no es mi campo de experiencia, pero sé que ella bebió a fin de escapar, y sus episodios de beber resultaban perjudiciales tanto para ella como para su matrimonio. Fue fácil para Charles condenar a Donna por beber y echarle la culpa por su mal matrimonio. Donna y ese grupo de mujeres con las que bebía habían arruinado su relación, o al menos eso pensaba él. Mencioné una lista de otras adicciones con las que la gente lidia en nuestra sociedad actual: los medicamentos con prescripción, las drogas de la calle, los juegos de azar, el sexo, la pornografía, las computadoras, el ejercicio y el trabajo.

El trabajo. Ese era el problema con Charles. Él era un adicto al trabajo. La mayor parte de las horas que pasaba despierto se centraban en torno a su trabajo. Siempre estaba ya fuera en la oficina o pasando tiempo con los clientes en otras partes. Ellos lo amaban y a él le encantaba ser amado, lo que resultó en que Charles se convirtiera en un adicto al trabajo.

Volvamos a nuestra fórmula original: Dios primero y su cónyuge segundo. Cualquier cosa que pongamos en primer y segundo lugar además de ellos dos causará problemas. La mayoría de nosotros puede estar de acuerdo sobre los peligros del consumo excesivo de alcohol, el abuso de drogas (ya sean con prescripción o las de la calle), el sexo o la pornografía. Sin embargo, a menudo podemos ocultarnos detrás del trabajo, el ejercicio o el ministerio, ya que pueden hacernos ver bien y sentir satisfechos con nosotros mismos.

Y ahí está el problema. ¿A qué costo aceptamos esto? Si tengo un ministerio próspero y las personas piensan que soy el mejor consejero matrimonial, pero mi esposa sabe que no soy un buen marido porque le dedico todo mi esfuerzo al ministerio, tengo mis prioridades fuera de orden. Esto es una trampa en la que muchos de nosotros caemos. Nuestras adicciones son "aceptables" en nuestra sociedad, porque tienen un lado positivo. Mi ministerio ayuda a las personas. Mi compañía ayuda a la comunidad. Mi ejercitación me mantiene saludable. Todas estas declaraciones son verdaderas, sin embargo, ¿dónde cruzamos la línea y elevamos una de ellas por encima de nuestro cónyuge o de Dios?

Admito que una adicción no es fácil. Cada adicción tiene una recompensa. Para algunos es el éxtasis de estar drogado. Para otros, se trata de una excitación no inducida por una sustancia, sino por ejemplo por cosas que alimentan nuestro ego. A menudo no nos percatamos de cuándo cruzamos esa línea, pero una vez que lo hacemos, el viaje de regreso puede ser difícil. ¿Está sección toca alguna fibra sensible en usted? ¿Está experimentando con alguna adicción? ¿Algo más que Dios y su cónyuge está ocupando el primer o segundo lugar?

Usted puede hacer algo al respecto mañana o puede hacer algo al respecto hoy. Solo recuerde una cosa, mañana puede ser demasiado tarde. Hoy no.

El costo de no pelear de la forma correcta

Si esto fuera una novela, en este punto de la historia de Donna, Charles o ambos de ellos se darían cuenta del error de sus actitudes y caerían de rodillas uno frente al otro pidiéndose perdón. Comprometiéndose a una vida futura llena de cambios, podrían renovar sus votos y vivir felices para siempre. Eso podría ser cierto si se tratara de una novela. Pero no lo es.

Charles y Donna se divorciaron. El divorcio siempre me entristece, y este divorcio me golpeó un poco más duro. Ambos me agradaban y tenía esperanza con respecto a ellos. Al final, mi esperanza no fue suficiente; ellos necesitaban ese milagro que nunca llegó. No me malinterprete. Creo que el milagro estaba allí para que ellos lo tomaran. Dios estaba haciendo su parte, pero Donna y Charles se encontraban atrapados.

Para Donna resultaba complejo. Sabía que confiar en Charles de nuevo iba a ser como un gran obstáculo que superar para ella. Iba a ser una montaña que escalar, y la montaña le parecía el monte Everest. Este hombre dedicaba todo lo que tenía a todo el mundo menos a ella. Todos sus placeres en la vida parecían venir de otros, y ella no podía verse a sí misma jamás en ese lugar. Además, no necesitaba más a Charles. Estaba en la cima de su carrera. Tenía a sus amigos. Todavía no cumplía los cuarenta años, y vislumbraba un futuro más brillante por delante. Estaba segura de que había alguien mejor allá afuera destinado a ella cuando tuviera el tiempo para mirar a su alrededor. En lo que respecta a Donna, todo había terminado.

Charles, según yo sospechaba, permanecía en el matrimonio simplemente porque no quería estar solo. Básicamente, el único tiempo que pasaba con Donna era cuando ambos estaban en la cama durmiendo. Las otras horas del día las ocupaba con lo que quería hacer, y Donna rara vez acudía a su mente. Su madre y su hermana esperaban por este día. Le dijeron a Charles cuánto lo sentían, pero para sus adentros se alegraban de librarse de esa mujer. Ellas se encargarían de Charles al igual que lo hacían antes de que Donna llegara a su vida. Le aseguraron que las cosas estarían bien, y Charles les creyó.

Al final, tanto Donna como Charles querían separarse. Ambos deseaban un rompimiento sin litigios. Querían dividir todo entre ellos, hacer algunos ajustes para equilibrar las cosas, solicitar el divorcio, esperar a que un juez lo firmara, e ir por caminos separados. El coche fúnebre se detuvo en el cementerio. Este matrimonio muerto estaba a punto de ser enterrado.

Su turno

Tal vez algunos piensen que su historia es un reflejo de la de Charles y Donna de muchas maneras. Quizás otros estén pensando que podrían dirigirse por ese mismo camino a menos que las cosas cambien. El resto puede pensar que esto nunca les sucedería. ¿Está seguro? No quiero que usted y su cónyuge sean los próximos

Charles y Donna. Este mundo ya tiene a demasiadas personas que han renunciado.

Hay todo tipo de matrimonios, pero a pesar de todo, puedo prometerle algo: ustedes van a pelear. Nunca he conocido a una pareja que estuviera de acuerdo en todo. Tendrán diferencias, y las diferencias pueden traer conflictos.

> ## *He aquí otra promesa:*
> Usted va a pelear bien o a pelear mal. Si aprende a pelear de la forma correcta, sucederán cosas buenas. Si continúa peleando mal, comenzará a avanzar por un camino que no desea seguir hasta el final.

Hay algunas cosas a tener en cuenta al evaluar sus patrones de peleas. ¿Qué palabras se utilizan? ¿Son palabras que provocan una respuesta positiva o negativa de su cónyuge? ¿Están causando sanidad o perjudicándolos? ¿Se utilizan para ganar la batalla o para facilitar la reconciliación?

Cuando las cosas vayan bien, hablen sobre algunas reglas para usar durante el conflicto. Acuerden hablarse el uno al otro con respeto. No se griten entre sí. Escúchense mutuamente. Honren el tiempo de espera. Determinen reglas que establezcan un fundamento para resolver los conflictos de manera exitosa.

Donna y Charles pelearon de manera inadecuada durante quince años. Eso no iba a estabilizar su matrimonio. Si hiciera una lista de todas las cosas que se hacen mal en un matrimonio y comprobara todas las que se aplicaban a Charles y Donna, habrían alcanzado un puntaje de cien. Ambos estaban estresados y las posesiones materiales eran demasiado importantes para cada uno de ellos. Fueron influenciados negativamente por otros y experimentaban adicciones. Teniendo expectativas que estaban desajustadas, habían perdido la esperanza. No obstante, tampoco se habían comprometido a hacer cambios significativos para cambiar las cosas.

Pelear de la manera correcta no resulta fácil. En realidad, esto requiere más tiempo y energía que pelear mal. Ya hablamos acerca de un par de herramientas buenas en "Una nueva estrategia de pelea"[1] a fin de ayudarle en el proceso, sobre cinco pasos para una solución y del tiempo de espera. El empleo de los mismos le dará la oportunidad de cambiar patrones destructivos, pero antes de utilizar cualquiera de ellos debe permitir que Dios cambie su corazón. Mire a su cónyuge a través de los ojos de Dios. Recuerde las esperanzas y los sueños que Él plantó en su corazón al comienzo de su relación con su cónyuge. Deseche todas las mentiras y enfóquese en la verdad de Dios sobre usted, su cónyuge y su matrimonio.

Sí, Donna y Charles necesitaban un milagro y es posible que usted también, pero creo que nuestro Dios es en verdad un Dios de milagros. Él solo está esperando que usted diga: "Adelante. Te necesitamos. No podemos hacerlo sin ti". A continuación, una sus brazos a los de Dios y preste atención... ¡porque un milagro está a punto de suceder!

EQUILIBRIO

Planificación para un mejor matrimonio

En esta vida, aprendemos muy rápido que una parte de ser humanos es aprender a lograr un equilibrio. Tenemos que aprender sobre el equilibrio a medida que empezamos a caminar, aprendemos a montar en bicicleta, y mientras practicamos deportes. Y aprendemos rápidamente, porque si no lo hacemos, nos caeremos, y aunque las caídas pueden causar dolor, pueden enseñarnos al mismo tiempo.

Algunos de nuestros mayores desafíos con el equilibrio tienen lugar en el matrimonio. Si solo tuviéramos que preocuparnos por nuestro matrimonio, no habría problemas. Sin embargo, ese no es el caso. Tenemos un empleo, niños, trabajos voluntarios, tareas domésticas, personas con las que compartimos el vehículo, una iglesia y todo tipo de otras cosas que compiten por nuestro tiempo.

El equilibrio en un matrimonio requiere de dos personas. El mismo solo se consigue si tanto el esposo como la esposa lo buscan juntos. Ese es el denominador común. Un matrimonio se desequilibra cuando algo se interpone entre los dos.

Piense en una balanza. Usted está en un lado y su cónyuge en el otro. Cuando cada uno hace su parte en el matrimonio, se logra el equilibrio. Cada uno se enfoca en el otro y en vivir a diario el plan de Dios para ustedes como esposo y esposa. Esta es la forma en que supuestamente debe ser. Nancy y yo hemos aprendido mucho sobre el equilibrio mientras convivimos a lo largo de nuestro matrimonio. Cuando miro hacia atrás a los tiempos más difíciles, veo que estábamos fuera de equilibrio, y cuando considero los tiempos mejores, me doy cuenta de que el equilibrio se mantenía. Todo parece muy simple al mirar en retrospectiva.

Permanecer en equilibrio es como todo lo que hace que un matrimonio valga la pena: requiere mucho esfuerzo, pero al igual que aprender a montar una bicicleta sin manos, las recompensas son gratificantes.

Si mantener el equilibrio resulta importante, ¿no le parece que ser consciente de cuándo está fuera de equilibrio resulta esencial también? La pérdida del enfoque en el equilibrio fue algo que tomó por sorpresa a Keith y Katherine. Keith era un buen tipo, pero su vida no estaba equilibrada. No siempre había sido de esa manera. Hubo un tiempo en que su vida marchaba bien en todo sentido.

Los primeros cinco años de matrimonio con Katherine fueron impresionantes. Keith era profesor de secundaria y entrenador de fútbol. Él no iba a hacerse rico con ese trabajo, pero le encantaba y los niños lo querían. Katherine era también maestra y enseñaba en la escuela primaria cercana a la secundaria. Disfrutaban de sus vacaciones al unísono y de los mismos días de descanso. Sus horarios mostraban un perfecto equilibrio. Había un montón de tiempo para el trabajo, la diversión y estar juntos. La vida matrimonial era igual a como habían imaginado que sería.

Ahora usted podría esperar escuchar que iniciaron una familia y tuvieron tres niños en tres años. Sin embargo, no lo hicieron. O tal vez podría pensar que Keith fue promovido a director deportivo y su horario de trabajo cambió drásticamente. No hubo promoción. Los horarios de ambos siguieron siendo los mismos, pero su matrimonio estaba dando un giro lento hacia lo peor.

Lo que sucedió es la cosa más común y probablemente una de las más peligrosas que amenazan a un matrimonio, porque nadie incluso nota cómo se acerca. Tenga una aventura amorosa y los dedos tendrán un punto al que señalar. Empiece a beber demasiado y muy a menudo y las cosas comenzarán a desarrollarse. Vuelva a casa a la misma hora todos los días y pase la misma cantidad de tiempo que pasa siempre junto a su pareja y las señales de alerta no surgirán.

Por ahora usted probablemente estará confuso o diciendo: "Así somos nosotros". Esto es lo que creo que sucedió con Keith: su vida era tan equilibrada que se olvidó de ser intencional. Como resultado, perdió su enfoque y descuidó cultivar activamente su matrimonio.

En los primeros años de matrimonio, trabajar era algo agradable y Katherine estaba feliz. Sin embargo, muy lentamente el enfoque de Keith en su esposa se volvió borroso. Él tenía el equilibrio, pero no se esforzó por mantenerlo. Por ejemplo, solían sentarse uno frente al otro en la mesa de la cocina y hablar durante horas. A veces se olvidaban de comer. Ahora se sentaban uno alejado del otro a través de la habitación con la televisión encendida hasta que alguno de ellos se quedaba dormido. Cuando la temporada de fútbol terminaba en los años atrás, planeaban viajes para pasar la noche fuera los fines de semana. Ellos probaron toda cama y desayuno de cada hotel en el estado. Ahora sus fines de semana eran iguales al resto de las noches, y a no ser porque los domingos iban a la iglesia, rara vez salían de la casa. Keith pasó más tiempo pensando en el trabajo y el fútbol que en Katherine. Su tiempo todavía estaba equilibrado, pero su enfoque no.

La llama se había apagado en el matrimonio, y Keith no tenía idea de qué la había extinguido.

Si se pregunta si lo que le ocurrió a Keith le está sucediendo a usted, intente esto. Tome un trozo de papel y dibuje un gráfico circular que representa su día ideal y equilibrado.

Permítame ponerle mi vida como ejemplo. Si divido mi vida en porciones, estas incluirían a Dios, Nancy, la familia, el trabajo, los pasatiempos, el ejercicio, la recreación, el sueño y el tiempo de inactividad. Consideremos que mi gráfico circular representa un día laborable de veinticuatro horas. Si me es posible disfrutar de ellas, el sueño consume siete y media horas. El trabajo se lleva aproximadamente diez horas. Dios recibe treinta minutos. El ejercicio consigue noventa minutos. Los pasatiempos por lo general se dejan para el fin de semana. En la actualidad, la familia recibe treinta minutos. Eso era diferente cuando nuestros hijos estaban creciendo y en el hogar. Me gusta tener por lo menos una hora de tiempo inactivo cada día. Eso arroja un total de veintiuna horas, lo cual me deja tres horas para Nancy.

El doce por ciento de mi gráfico circular está disponible para mi esposa. ¿Consigue ella tener esas tres horas al día? ¿Qué piensa usted? Por lo general, la respuesta es no.

Hay otra sección de mi gráfico circular que podemos etiquetar como misceláneas. Esta abarca una gran cantidad de cosas, y son ellas las que a diario consumen mi tiempo con Nancy. Estas son las cosas que pueden llegar a hacerme perder el equilibrio. Por lo general, no son malas, sino solo cosas que consumen tiempo.

Ahora dibuje un segundo gráfico circular, no de su día ideal, sino de su día real.

Es aquí cuando nuestros gráficos circulares perfectos resultan descartados por ser poco realistas. Si somos honestos, nuestro gráfico circular de la forma en que nos *gustaría* utilizar nuestro tiempo se ve muy, muy diferente a nuestro gráfico circular de cómo *realmente* empleamos nuestro tiempo. No obstante, he aquí la verdadera pregunta: ¿Qué puede cambiar en el gráfico dos para que esté más en consonancia con el gráfico uno? En otras palabras, a medida que compara los dos gráficos, ¿cómo puede lograr el equilibrio en su vida y su matrimonio?

Digamos que toma en serio todo este asunto del gráfico circular y reorganiza su vida a fin de enfocarse en lo que resulta más importante para usted. Dado que este es un libro sobre el mejoramiento de su matrimonio, voy a dar un paso audaz y decir que ha reorganizado las cosas para brindarle a su cónyuge más tiempo. Eso en apariencia es algo bueno. Ahora va a pasar más tiempo con su cónyuge. Eso podría arreglar su matrimonio. Fin del libro.

No tan rápido. ¿Qué hay de Keith y Katherine? Ellos pasaban todo su tiempo libre juntos, y el matrimonio estaba cayéndose a pedazos. El tiempo en sí no resuelve el problema. La respuesta está en la cantidad y la calidad del tiempo. Si Keith y Katherine mantenían la calidad de su tiempo juntos en lugar de

> **Si su cantidad de tiempo cada día con su cónyuge es de cinco minutos, conviértalos en los cinco minutos de mayor calidad posible. Eso significa hablar, tocarse y escuchar.**

simplemente coexistir en la misma habitación, podrían edificar un matrimonio increíble.

El equilibrio en un matrimonio tiene que ver tanto con la cantidad de tiempo que una pareja pasa unida como con la forma en que utilizan ese tiempo juntos. Es posible pasar veinticuatro horas al día juntos como una pareja y tener un matrimonio desgraciado. ¡Qué pérdida de tiempo! Considerémoslo de esta manera. ¿Cuánto tiempo tiene usted para su cónyuge cada día? Voy a aceptar cualquier cantidad disponible. Si se trata de quince minutos, lo aceptaré. Si es más, también.

He aquí la clave. No falle en esto. Si su cantidad de tiempo cada día con su cónyuge es de cinco minutos, conviértalos en los cinco minutos de mayor calidad posible. Eso significa hablar, tocarse y escuchar. Mirarse a los ojos el uno al otro. Sentarse juntos. Reír. Llorar. Ser reales entre sí. No actuar como Keith.

Ahora regresemos al gráfico circular y veamos cómo puede resultar engañoso. El gráfico de Keith se veía bastante bien. Pasaba un montón de horas con Katherine, pero de poca calidad. ¿Y qué sucede con la pareja que logra agenciarse solo quince minutos al día juntos, pero en esos quince minutos conecta jonrones? Ellos aman esos quince minutos juntos cada día. No permiten que nada sea un obstáculo para ese tiempo. En su gráfico circular apenas se puede ver la sección de quince minutos, pero en su matrimonio la ves manifestarse en cada uno de ellos. Sus quince minutos al día les dan equilibrio.

Equilibrio a través de la amistad

El equilibrio implica una batalla constante que debemos mantener, pero cuando tenemos en cuenta la alternativa, vemos que es algo que vale mucho la pena.

Sabíamos que queríamos y necesitábamos equilibrio en nuestro matrimonio. A veces esto significaba una lucha. A veces pensaba que nunca lograríamos el equilibrio que tanto queríamos. Sin embargo, al pasar el tiempo, empezamos a ver que el equilibrio podría convertirse en una realidad para nosotros. Nancy y yo confiábamos cada vez más en que nuestro matrimonio iba a lograrlo. Sabíamos que no lo habíamos alcanzado todavía, pero ambos nos dirigíamos en la misma dirección, y parecía ser la dirección correcta.

Nos encontrábamos hablando una noche y le hice a Nancy una pregunta que nunca le había hecho antes: "Cuando las cosas estaban tan mal y el futuro no prometía que nada mejoraría, ¿por qué perseveraste?".

Su respuesta fue simple, pero me dijo mucho: "Lo hice porque no quiero perder a mi mejor amigo".

Yo era su mejor amigo. Yo era aquel al que ella había acudido cuando estaba molesta, o cuando necesitaba un hombro sobre el que llorar, o a alguien que solo la escuchara. Nadie la conocía mejor que yo, porque nunca antes en su vida había confiado en alguien al nivel en que confiaba en mí. Supongo que yo sabía que todas esas cosas eran verdad, pero en algún lugar del campo de batalla las olvidé.

Mirando hacia atrás a los primeros días de nuestra relación, comprendo que estábamos preparando el terreno para una amistad. Encontramos tiempo para estar juntos, a pesar de las demandas de la universidad. Hablamos de todo, pero fue mucho más que solo hablar; nos escuchábamos con atención el uno al otro. Nunca salí con una chica que me hiciera sentir totalmente cómodo hasta conocer a Nancy. Ella me entendió cuando ni siquiera yo me entendía. Y creo que lo contrario también es cierto. Dios plantó algo desde el comienzo de nuestra relación que hemos llevado con nosotros hasta la actualidad. Cada uno de nosotros fue y es el mejor amigo del otro.

Solo ese hecho trajo un equilibrio extraordinario a nuestra vida juntos. Cuando estábamos pensando demasiado en serio en el divorcio, me consumía de temor cada vez que me imaginaba perderla. ¿Con quién iba a hablar? ¿Quién me escucharía como ella lo hacía? ¿Quién podría entenderme como Nancy me entendía? Sentía temor, porque nunca pude obtener una respuesta a cualquiera de estas preguntas que tuviera sentido para mí. Perderla me haría perder el equilibrio de mi vida de una manera en que no pensaba que podría recuperarme.

En un matrimonio un cónyuge puede desempeñar muchos

papeles. Todos los papeles que Nancy desempeña hacen mi vida mejor. Los papeles que yo asumo para ella hacen su vida mejor también. Si todos sus roles en mi vida fueran alineados uno junto al otro y yo solo pudiera elegir uno para que se cumpliera durante el resto de mi vida, ¿cuál escogería? Admito que la elección sería difícil al principio, pero luego de haberlo pensado bien, elegiría el de "mejor amiga". Mi segunda elección sería el romance. El romance añade una chispa, pero el problema con el romance es que la chispa puede debilitarse e incluso apagarse.

Ser los mejores amigos nos permite comprometernos entre sí y con nuestro matrimonio, resistir. Ser los mejores amigos ha hecho que recobremos el sentido muchas veces. Si estábamos en medio de una pelea, ese elemento de amistad siempre nos ayudaba a calmarnos. Si nos habíamos dicho cosas desagradables el uno al otro, nuestra amistad estaba detrás del "lo siento". Si no podía entender del todo por qué estaba haciendo algo, nuestra amistad me ayudó a estar bien sin comprenderlo.

Cuando hablo con las parejas que se preparan para el matrimonio, subrayo la importancia de ser los mejores amigos. La mayoría de ellos piensan que lo son, y estoy seguro de que algunos tienen razón. Sin embargo, los animo a todos por igual a hacerse un examen de conciencia. Nos casamos por una serie de razones y "pasar el resto de mi vida con mi mejor amigo" no siempre es una de ellas.

Considérelo de esta manera. Si una pareja entra en el matrimonio sin que haya una amistad fuerte, creo que el matrimonio los destruirá. No importa cuán buenas son las relaciones sexuales, sin una amistad, un matrimonio no va a sostenerse. No importa la cantidad de dinero que él o ella tengan, sin una amistad el matrimonio puede estar vacío y no tener valor. La amistad permite que crezca un matrimonio sano. Creo que fue este fundamento de ser los mejores amigos el que salvó nuestro matrimonio justo cuando estaba en su peor momento.

¿Quién es su mejor amigo? Si está casado y su respuesta no es su cónyuge, detenga todo. Usted tiene un trabajo que hacer. No es demasiado tarde. Su cónyuge necesita ser su mejor amigo. No deje que nada se interponga en el camino de que eso ocurra. Por supuesto, se requerirá mucho esfuerzo, pero no tiene nada que perder y sí mucho que ganar.

Hoy, tome la mano de su cónyuge, siéntese junto a él (o ella) y dígale que quiere que sean los mejores amigos, luego pregúntele qué necesita que usted haga para comenzar ese proceso. Persevere. No se rinda. Usted está trayendo el equilibrio a su matrimonio al valorar a su mejor amigo y comprometerse con él o ella para toda la vida.

Equilibrio a través de la administración del tiempo

Las amistades correctas solo pueden mejorar el equilibrio en su matrimonio. La clave aquí es asegurarse de que estas amistades son saludables. Tengo grandes amigos que influyen en mí para lo mejor. No hay duda de que usted también. Sé que Dios los trajo a mi vida con un propósito. Y no quiero perderme esa oportunidad. Los hombres no conversan fácilmente a un nivel profundo con otros hombres, y cuando Dios nos une, tenemos una gran oportunidad de aprender y crecer juntos.

Del mismo modo, Nancy tiene un montón de amigos, y me sorprende la forma en que se mantiene conectada con ellos. Esto parece ser muy fácil para ella, pero sé que se necesita una gran cantidad de enfoque y atención. Su vida es más rica debido a los amigos que posee, y yo no cambiaría eso por nada.

Luego tenemos unas pocas parejas amigas con las que nos gusta compartir y pasar tiempo juntos. Conocemos a sus hijos y ellos conocen a los nuestros. Nos divertimos juntos y estamos presentes los unos para los otros en los buenos y los malos momentos. Mis amigos, los amigos de Nancy y nuestras parejas amigas le brindan equilibrio a nuestra vida, porque nos recuerdan que hay que priorizar a Dios en primer lugar y a nuestro cónyuge en segundo por encima de todo lo demás.

Hace un par de fines de semana tuvimos compromisos durante tres noches seguidas con otras parejas. Se trataba de cosas que queríamos hacer y de parejas con las que nos encantaba pasar el tiempo. Disfrutamos del fin de semana y nos divertimos con nuestros amigos, pero no pasamos suficiente tiempo solos. Estábamos fuera de equilibrio.

En retrospectiva, considero que lo mejor para nuestro matrimonio hubiera sido rechazar alguna de las invitaciones y posponerla para otro momento. Eso nos habría dado el equilibrio que necesitábamos. He aprendido a lo largo de los años que mi hogar y mi tiempo con Nancy constituyen un refugio para mí. Me reviven y me dan energía. Ese lunes en la mañana empecé la nueva semana de trabajo con mi tanque lleno solo hasta la mitad. El fin de semana había estado desequilibrado, y yo también lo estaba.

Wendy y Travis habían perdido el equilibrio. Supe esto después de tener una sesión de consejería con ellos. Llevaban catorce años de casados y probablemente habían estado fuera de equilibrio durante todos ellos. Aproximadamente a los dos meses de su matrimonio, Travis perdió su trabajo. Ellos vivían en un apartamento, pero no podía afrontar los gastos con un único ingreso. Los padres de Wendy les ofrecieron su antiguo dormitorio en el piso de arriba de su casa. Cuando analizaron sus opciones, comprobaron que aceptar la oferta de los padres de Wendy sería lo mejor.

Conozco a parejas que han vivido con la familia política por un período de tiempo y funcionó bastante bien. En este caso no fue así. Wendy y Travis no tenían idea de cómo fijar límites con sus padres—quienes a su vez no tenían un concepto personal de los límites—de modo que no establecieron ninguno. Dos meses después del matrimonio, Wendy y Travis se encontraban fuera de equilibrio, ya que siendo recién casados disfrutaban de muy poco tiempo a solas.

Ellos cenaban siempre con los padres de Wendy, por ejemplo, y se sentían juzgados si mencionaban que iban a cenar alguna vez fuera de casa. Después de todo, estaban viviendo allí porque no tenían suficiente dinero para comer o vivir en otro lugar. Posiblemente la situación era incluso peor, pues la habitación de Wendy y Travis estaba situada directamente encima de la de sus padres en el piso de abajo. Luego Wendy mencionó que no había cerradura en la puerta.

A pesar de todo, pensaron que podrían soportarlo unas pocas

semanas. Sin embargo, once meses después habían llegado al límite. Finalmente, fueron capaces de mudarse. La espera fue larga, pero Travis consiguió un nuevo trabajo y este tenía grandes beneficios. Encontraron una pequeña casa de la que se enamoraron y decidieron firmar un contrato de arrendamiento con opción a compra. Por fin una oportunidad de conseguir el equilibrio.

Tal vez no sucedió antes porque estaban viviendo en casa de sus padres en una habitación con una puerta que no cerraba, pero sin importar la razón por la que fuera, dos meses después de mudarse a su nueva casa Wendy quedó embarazada. Este primer embarazo fue duro para ella, pero resultó que los números dos y tres fueron igual de difíciles. Cada vez que pensaban que las cosas se iban a equilibrar, algo sucedía. La vida los estaba sobrepasando.

Mientras permanecían sentados en el sofá, coincidieron en que estaban desconectados por completo y no tenían ningún tiempo juntos a solas. Cuando les pedí que me explicaran cómo era una semana típica, Travis se volvió hacia Wendy y le dijo: "Muéstrale tu calendario". Ella lo miró y luego a mí, y él le pidió de nuevo: "Muéstrale tu calendario" Wendy aceptó y fue hasta su camioneta a buscar el calendario.

A pesar de lo fuera de equilibrio que esta pareja parecía, Wendy tenía un sistema para mantenerse organizada que resultaba bastante sorprendente. El calendario se hallaba en su computadora portátil. Cada día estaba marcado y también las horas. Además, cada miembro de la familia tenía un color. Travis era el azul, y todas sus actividades aparecían en el calendario en ese color. Wendy estaba representada en rojo, y todas sus actividades se mostraban en rojo en el gráfico. Los niños se identificaban con los colores verde, amarillo y morado. Usted probablemente se lo imaginaba, pero había poco espacio en blanco en el calendario, y no se podía encontrar un solo lugar donde el azul y el rojo estuvieran juntos.

El calendario permanecía en la camioneta, ya que era el puesto de mando central para Wendy. Ella y los niños comían en la camioneta, hacían las tareas escolares y tomaban siestas allí, ya que pasaban de una actividad del calendario a otra. Cuando había dos colores en el mismo punto, ella llamaba a Travis para conseguir refuerzos. Sus vidas no estaban simplemente fuera de equilibrio; estaban fuera de control. ¿Algo de esto le parece familiar? En dependencia de la etapa en que se encuentre en la vida, usted podría pensar que Wendy y Travis eran normales. Sus vidas no eran normales, pero esto es muy común en nuestra cultura actual.

La buena noticia es que había respuestas para Wendy y Travis, y hay respuestas para usted. Hubo algo que resultó más interesante para mí. Travis y Wendy sabían que necesitaban algo en su matrimonio, pero no tenían idea de lo que era o cómo conseguirlo. Percibían que sus vidas estaban ocupadas, pero se consideraban a sí mismos como una familia bastante normal. Tal vez usted lea esta historia y piense lo mismo, tal vez vea a su familia en la misma situación. Yo necesitaba captar la atención de ambos, así que comencé: "Digamos que nada cambia en sus vidas y que todo continúa igual por los próximos diez años. Su matrimonio no lo logrará. El tanque de su matrimonio se encuentra vacío ahora. Si no pueden mantener ese ritmo en la actualidad, ¿cómo piensan conseguirlo dentro de diez años?".

Les dije que pensaba que podía ayudarlos, pero iba a ser necesario cambiar una gran cantidad de cosas. He aquí el plan que les presenté.

- Íbamos a añadir dos nuevos colores al calendario. Agregaríamos el naranja para ellos como pareja y el marrón para Dios. El calendario de la familia estaba tan lleno, que estos fueron los únicos dos colores que quedaban en el arco iris para elegir. Cada hijo iba a ser limitado a dos actividades por temporada y solo una podía ser un deporte. (En la actualidad cada uno tenía tres o cuatro. Para algunas personas dos puede ser demasiado, pero tenía que empezar de algún modo con ellos.)

- Travis y Wendy iban a tener una salida nocturna cada semana.

- También tenían que disponer de un espacio de tiempo juntos cada día.
- La familia iría junta a la iglesia semanalmente.
- Solo cenarían una vez a la semana en la camioneta. Las cenas familiares en casa iban a ser la nueva regla.
- La noche del domingo se convertiría en la noche familiar. Todos tenían que estar presentes. Podían hacer pizza, jugar o lo que fuera, siempre y cuando todo el mundo estuviera allí y participara.

Este plan significó un cambio enorme, pero el mismo fue solo un comienzo. Había otras cosas que pensé que podríamos añadir a medida que pasara el tiempo. La clave para el éxito residía en que ellos respaldaran cien por ciento los cambios. Si no se mantenían unidos, nunca podrían enfrentar la tormenta esperada que causarían sus hijos. Ellos dijeron que estaban de acuerdo. El siguiente paso consistió en comentarles las noticias a los niños, y acordaron hacer eso después en la tarde.

A la semana siguiente, Travis me contó la historia de la reunión familiar. Fue la primera vez que la familia se reunía. Al principio, los niños permanecieron en silencio, y él pensó que estaban en un estado de conmoción, pero luego a medida que comenzaron a hablar se percató de que les gustaba la idea. El mayor dijo: "Es hora de que alguien se haga cargo de las cosas por aquí". (Sé que esto puede haber sido un poco irrespetuoso, pero yo hubiera querido chocar los cinco con el chico.)

Mientras conocía a Travis y Wendy, usted puede haber pensado: "Esa es mi/nuestra vida". Nuestra cultura nos dice que los horarios caóticos están bien, son normales, incluso son una señal de estatus y éxito. En realidad, podemos creer que si tenemos tiempo libre, algo debe andar mal. Nuestros horarios nos hacen perder el equilibrio.

Aparte un tiempo para dos cosas

En este preciso momento, cierre este libro y busque su calendario semanal. Solo quiero que revise dos cosas. ¿Dónde está el tiempo para Dios, y dónde está el tiempo para su matrimonio? Si usted no reconociera que estos dos elementos son importantes, probablemente no estaría leyendo este libro. ¿Cuánto tiempo ha dedicado para ellos en su semana? Si nada cambia en su calendario por los próximos diez años, ¿cuál será el estado de su relación con Dios y de su relación matrimonial? ¿Puede permitirse el lujo de ignorar el caos de su horario? Yo no lo creo así, y bueno, puedo estar en el mismo barco también. Necesito equilibrio, al igual que usted.

Equilibrio a través de la diversión

Steve y Ann se habían conocido en una cita a ciegas y tuvieron tanta diversión que simplemente se mantuvieron saliendo hasta llegar al altar. Sin embargo, eso había ocurrido hacía nueve años. Y no se habían divertido juntos nunca más.

Cuando les pregunté por qué habían venido a la consejería, me explicaron que no se sentían felices y creían que a su matrimonio le faltaba algo. Ellos no estaban pensando en el divorcio. Solo querían algo más en su matrimonio. Les pregunté qué hacían para divertirse y no tuvieron respuesta. Así que les pregunté cómo se divertían cuando eran novios. Ann esbozó una leve sonrisa y me dijo que iban a muchas fiestas. Steve estuvo de acuerdo y comentó que en aquellos días visitaban muchos clubes, pero ahora tenían hijos y eran mayores de edad, así que tales centros nocturnos ya no resultaban una opción.

Todos necesitamos tener momentos de esparcimiento en nuestra vida; cuando no lo hacemos, vivimos de manera desequilibrada una vez más. Tener diversión como pareja es importante. Les pregunté qué habían intentado recientemente para divertirse y se quedaron mirándome fijo. Steve al fin dijo: "Cada vez que uno de nosotros sugiere algo, el otro dice que no". Ellos estaban atrapados, y yo quería que comenzaran a avanzar. Tenía un plan, y les pregunté si querían ponerlo en práctica si lo compartía con ellos. Estuvieron de acuerdo. Le di a cada uno un pliego de papel. Su tarea era escribir cinco cosas que les gustaría hacer juntos como pareja. Mientras les daba un vistazo a sus listas su creatividad me sorprendió. Luego les pedí que cortaran el papel en tiras a fin de separar las ideas. Coloqué las tiras en dos sobres, marcando uno como el de Steve y el otro como el de Ann.

El jueves de cada semana sacarían una tira de papel de uno de los sobres. La primera semana sería del de Ann y la próxima semana del sobre de Steve. Luego seguirían alternándose cada semana. Solo había dos reglas. Ambos tenían que estar de acuerdo en hacer lo que decía en la tira de papel, y no podrían quejarse.

Dos semanas más tarde, Ann y Steve entraron en mi oficina sonriendo de nuevo y considerándome un genio. La verdad era que yo no les había sugerido nada que no hubieran intentado ya. Simplemente agregué un poco de responsabilidad.

La primera tirita de papel que extrajeron del sobre de Ann decía "bolos". Eso era algo que ninguno de los había hecho desde la escuela primaria. Ellos no tenían idea de que las personas todavía jugaban a los bolos, y se sorprendieron cuando al llegar al boliche tuvieron que esperar por un carril. Mientras aguardaban, se sentaron y observaron a los demás jugadores y se rieron con otros que se divertían. Ellos tomaron una sabia decisión cuando finalmente consiguieron una bolera. No llevarían la puntuación.

De alguna manera, esa noche recuperaron algo que había estado faltando en su matrimonio desde hacía mucho tiempo.

Steve y Ann habían hecho muchas cosas bien en su matrimonio. Ellos criaban bien a sus hijos juntos y nunca peleaban por las finanzas. Ahora estaban añadiendo el elemento de la diversión y en última instancia dándole más equilibrio a su matrimonio.

Cuando usted intente recuperar la diversión en su matrimonio, sea intencional en cuanto a las actividades que elija. Tal como Steve y Ann, haría mejor en evitar las actividades competitivas. Nancy y yo sabemos esto por experiencia. En los primeros años de nuestro matrimonio, ambos jugábamos tenis, y Nancy era mejor jugadora que yo. (Nunca he admitido eso antes.) Nos fue bien jugando partidos dobles juntos, pero cuando estuvimos en los lados opuestos de la red, las cosas no funcionaron. Cuando usted está regresando una pelota alta y la idea de golpearla en la dirección de su esposa cruza su mente, debe saber que algo anda mal.

¿Recuerda el juego del *backgammon*? Tal vez algunos lo juegan ahora. En los primeros años de nuestro matrimonio la moda del *backgammon* estaba en su apogeo. Así que compré un juego de modo que Nancy y yo pudiéramos jugar juntos en casa. Me sentía emocionado. Sin embargo, aunque había parecido una gran idea en teoría, nuestra naturaleza competitiva garantizó que sería el primer y último partido que jugaríamos juntos.

No importa lo que haces para divertirte, pero es necesario tener diversión juntos. Si tienen cosas que les gustan como pareja, asegúrense de reservar un tiempo para hacerlas. Si están buscando probar cosas nuevas, intenten hacer listas como Steve y Ann o averigüen cuáles son algunas cosas que sus amigos disfrutan llevar a cabo como pareja.

Divertirse juntos ha sido y sigue siendo una de las grandes alegrías en nuestro matrimonio. No se pierda la diversión.

Equilibrio a través de la tradición familiar

Las tradiciones pueden proporcionarle equilibrio a un matrimonio, ya que nos permiten crear memorias, nos unen, y nos recuerdan qué es lo que más importa. La mayoría de nosotros tenemos tradiciones familiares, sin embargo, ¿por qué esperar a tener una familia? Establezcan sus propias tradiciones como pareja.

Por ejemplo, Nancy y yo tenemos la tradición de sentarnos juntos frente a nuestro árbol de Navidad cada año. Nuestra primera Navidad después de casados resultó diferente para los dos...por lo general es así para las parejas nuevas. Queríamos mantener algunas de las tradiciones de cada una de nuestras familias, pero también deseábamos comenzar nuevas tradiciones propias. Esa primera

Nochebuena cenamos con mi familia en el hogar de mi tía y mi tío. Éramos tantos que no había lugar para que todos se sentaran a la mesa, así que nos reunimos en un círculo sosteniendo los platos llenos de comida en nuestros regazos. De esta manera todos podíamos estar juntos.

Más tarde esa noche regresamos a nuestro pequeño apartamento. Recuerdo que ambos estábamos cansados, pero apagamos todas las luces de la habitación y nos sentamos juntos frente a nuestro mortecino árbol de Navidad de algo más de un metro (cuatro pies). Pudo haber sido un árbol pequeño y patético, pero lo habíamos elegido los dos, y estábamos en nuestra casa frente a nuestro árbol decorado a nuestra manera. Nancy encendió un par de velas y permanecimos sentados juntos por un largo tiempo. No hablamos mucho. Solo disfrutamos el momento y queríamos que el tiempo se detuviera. Hemos hecho lo mismo año tras año. No importa lo que hagamos más temprano la víspera de Navidad, terminamos el día juntos frente a nuestro árbol todavía queriendo disfrutar de un tiempo solos en silencio.

Otra tradición que valoramos se relaciona con la celebración de nuestro aniversario: exactamente el primer día en que nos comprometimos a amarnos el uno al otro en segundo lugar, solo para amar a Dios primero. Así que celebrar ese día significa celebrar ese sagrado equilibrio.

En nuestro primer aniversario volvimos a la escena del crimen, por así decirlo. Regresamos a Houston para celebrar con la familia de Nancy. Eso fue divertido, pero no era mi idea de una tradición que deseaba seguir repitiendo. Al año siguiente, estábamos en casa para nuestro aniversario y comenzamos la tradición de celebrarlo solo nosotros dos juntos. Había un pequeño restaurante muy bueno en el centro que tenía una gran reputación no solo por la comida, sino también por crear un tiempo memorable y especial para aquellos que celebraban allí.

Así comenzó una serie de cenas de aniversario que apreciamos. Siempre hemos tratado de ir a un lugar romántico y especial para estas cenas y hemos evitado los lugares que eran de rutina para nosotros. Además de una cena romántica, estoy un poco obsesionado con las tarjetas de felicitaciones, y no con cualquier tipo de tarjeta. Tienen que venir con el pequeño sello dorado redondo para asegurar la solapa del sobre. Mi tradición proviene de uno de nuestros primeros aniversarios, cuando no podía elegir la tarjeta correcta y las compré todas. Nancy recibió una por la mañana, una al mediodía, otra por la tarde y otra antes de acostarse. Ella pensó que me había vuelto loco, pero la tradición de no solo una tarjeta para el aniversario, sino varias, surgió.

Cada vez que hablo con una pareja que ha disfrutado de un viaje especial por primera vez en mucho tiempo, su descripción siempre incluye la declaración: "No puedo creer que no hubiéramos hecho esto más menudo". Darse una escapada juntos aumenta el equilibrio. Nos da la oportunidad de volver a conectarnos y redefinir nuestro matrimonio.

Nancy y yo hicimos algunos viajes memorables en los primeros años de nuestro matrimonio. Luego los viajes que realizamos por un cierto número de años se convirtieron en viajes familiares. Cada verano nos uníamos a la familia de Nancy para pasar una semana en la playa. Eso me encantaba, y se convirtió en una gran tradición familiar. Mi familia tenía una casa en el lago, e ir allí se convirtió en una tradición familiar también.

No fue hasta nuestro vigésimo quinto aniversario de bodas que redescubrimos lo que significaba irnos de viaje solo nosotros dos. Miramos algunos folletos propagandísticos y hablamos con un amigo que era agente de viajes antes de decidirnos por el Caribe. Reservamos el viaje y comenzamos a contar los días. En ocasiones planeamos algunos viajes y el bombo publicitario supera mucho a la realidad. No esta vez. Fue casi perfecto. La playa y el agua se mostraban preciosas. El hotel resultaba increíble. Nos aislamos del mundo y no queríamos que la semana terminara nunca.

Aprendimos algo en ese viaje que puede ayudarle. No espere hasta el vigésimo quinto aniversario para irse en un viaje romántico para dos. Planifique y ahorre y haga de esto una tradición. Nuestro matrimonio se reavivó, y lo único que lamento es que alguien no nos hubiera animado antes a hacerlo. En la actualidad, ya hemos vuelto al mismo lugar y a ese hotel muchas veces.

Tony y Julia tenían un montón de tradiciones procedentes de la familia extendida, pero ninguna propiamente de ellos. Tony era italiano. Su familia de origen era enorme, y las tradiciones se mostraban por todas partes. Julia creció en una granja, y su familia extendida incluía a casi todas las otras familias de agricultores del condado, de modo que sus tradiciones eran una mezcla de las costumbres de todas estas familias juntas. En el matrimonio de Tony y Julia, las diferentes tradiciones solo causaron conflicto. Tony quería seguir las de él, y Julia las de ella. En tres años de matrimonio ellos aún no habían pasado una Navidad juntos. Tony se iba con su familia y Julia con la de ella, y ambas familias estaban de acuerdo con esto. (A veces me gustaría simplemente golpear mi cabeza contra la pared un par de veces.)

Uno de mis principales objetivos en la consejería es tratar de ayudar a una pareja a ver gradualmente la necesidad de cambio y permitirles ser una parte del proceso. Sin embargo, mi táctica no tenía nada que ver con lo "gradual" ese día. Después de escuchar su historia en cuanto a la Navidad, miré a Tony y Julia y les dije: "Eso es una locura". Hasta aquí llegó el método suave y con tacto. Julia contestó: "Lo sé". Tony no dijo nada, pero no se marchó. Todavía tenía su atención.

Conversé con ellos sobre todas las cosas que le he dicho a usted en este libro. Les presenté el plan de Dios para el matrimonio. Hablé de cómo Él quería que en el matrimonio dejáramos nuestra vida pasada y construyéramos algo nuevo juntos. Lo que estaban haciendo no honraba el plan de Dios, y se estaban engañando a sí mismos en cuanto a la posibilidad de tener un matrimonio increíble. Así que les di esta asignación. Transcurría el mes de junio, pero quería que ellos elaboraran un plan para la siguiente Navidad que incluía estar juntos y comenzar algunas de sus propias tradiciones.

Dos semanas después regresaron a su segunda cita. Julia se reía y Tony esbozaba algunas sonrisas. Cuando comenzamos la sesión, Tony expuso su plan. Era simple. Mientras consideraban sus opciones, se dieron cuenta de que no existía un compromiso que pudiera funcionar. Esa fue la razón por la que habían pasado la

Navidad separados durante los pasados tres años. Su familia no cedería, ni tampoco lo haría la de ella.

De modo que su solución era celebrar la Navidad solos—únicamente ellos dos—y empezar a establecer sus propias tradiciones nuevas. Tenían previsto informarles a sus familiares acerca de su decisión en julio, pensando que cuanto antes mejor. Me gustó la idea. Era audaz y atrevida, pero no tan loca como lo que habían estado haciendo. Yo me iba de vacaciones, por lo que decidimos reunirnos la primera semana de agosto. Su tarea consistía en hablar con sus respectivas familias y darle un poco más de estructura a sus planes. Finalmente estaban de acuerdo y trabajando juntos.

La familia, por supuesto, no se sintió muy feliz con su solución. Hubo rechazos, amenazas, e incluso una llamada llorosa a Tony de su bisabuela. A pesar de todo, Tony y Julia se mantuvieron firmes. Nos encontramos unas cuantas veces más antes de Navidad. Ambas familias estaban seguras de que Tony y Julia cederían, pero no lo hicieron.

Cuando nos encontramos en enero, ellos me comentaron un interesante efecto que tuvo su decisión en cuanto a los días feriados. Las dos familias querían hablar de la próxima Navidad y ambas estaban dispuestas a hacer concesiones. Tony y Julia habían aprendido mucho a lo largo de esos seis o siete meses. Ellos aprendieron a poner su matrimonio donde Dios quería que estuviera. Aprendieron acerca de la importancia de contar con sus propias tradiciones, y aprendieron acerca de la importancia del equilibrio.

¿Y qué sucede con respecto a usted? ¿Cuáles son sus tradiciones? ¿Hay otras nuevas que le gustaría comenzar? Si sus tradiciones no están ayudando a lograr el equilibrio en su matrimonio, tal vez es hora de reevaluarlas y hacer algunos cambios.

Equilibrio financiero

Danny llamó a mi oficina para concertar una cita y vino a verme una semana más tarde. Él estaba casado, y un hombre casado viniendo a consejería por su cuenta es una rareza. Por lo general, si uno de los dos integrantes de una pareja viene solo, es la esposa; y si ambos vienen, usualmente la esposa hace la cita. Danny empezó a contarme por qué estaba allí.

Jamie era el amor de su vida. Ellos asistieron a la misma escuela secundaria, pero durante esos años Jamie no tenía idea de que Danny existía. Era una escuela grande con una gran cantidad de estudiantes. Jamie pertenecía al grupo exclusivo, mientras que Danny se encontraba entre los menos afortunados, aunque eso nunca le impidió soñar. Ambos asistieron a una universidad fuera del estado, y fue en el verano después de su tercer año que se conocieron "oficialmente". El tiempo y un poco de madurez habían cambiado las cosas, y Jamie estaba dispuesta a salir juntos por primera vez. Ese verano fue el mejor de la vida de Danny, puesto que pasó tiempo con Jamie casi todos los días. Para el próximo verano ya estaban comprometidos, y se casaron a la siguiente Navidad. Danny no podía haber sido más feliz.

Las cosas continuaron marchando bien. Ambos consiguieron buenos empleos con empresas que les gustaban y proporcionaban oportunidades de crecimiento para cada uno de ellos. Danny aportaba más de la mitad de los ingresos familiares y manejaba las finanzas.

Ellos aprendieron a poner su matrimonio donde Dios quería que estuviera. Aprendieron acerca de la importancia de contar con sus propias tradiciones, y aprendieron acerca de la importancia del equilibrio.

Ambos lucharon con algunos gastos excesivos a veces, pero sus buenos ingresos cubrían la mayor parte de los problemas. Hicieron algunos viajes y estaban disfrutando su matrimonio.

Con el paso de los años, comenzaron a hablar de formar una familia y comprar una casa más grande. Ambos cumplirían treinta al año siguiente. Buscar casas se convirtió en un ritual del domingo por la tarde. Encontraron cosas que les gustaban y cosas que no les gustaban, y fueron reduciendo la lista de lo que querían en esta nueva vivienda. A pesar de que nunca lo discutieron, los dos sabían que estaban viendo casas que se encontraban probablemente fuera del rango de precios que podían afrontar. Entonces sucedieron dos cosas. Jamie recibió una gran bonificación en el trabajo y Danny consiguió un aumento. Luego de todo el papeleo, ellos compraron esa casa que nunca pensaron que podían permitirse. Si usted alguna vez ha comprado una casa nueva que era mucho más grande que aquella en que había estado viviendo, sabe que el pago de una mayor hipoteca es solo una parte del aumento de los gastos. Ellos necesitaban más muebles y más cosas, y Danny se estaba dando cuenta de que todo esto costaba mucho más de lo que había pensado. No sentía pánico, pero tenía una gran cantidad de preocupaciones. Cada vez que se acercaba a Jamie para discutir el asunto, ella le decía: "Está bien. Voy a recibir otra bonificación en seis meses y podremos pagar las cosas entonces". La bonificación llegó y se pagaron las facturas, pero ellos incurrieron en nuevos gastos.

El patrón de comprar ahora y pagar en seis meses se convirtió en una rutina. Danny se relajó un poco, ya que las cosas parecían estar funcionando de la forma en que Jamie dijo que lo harían. No pensó que estaban siendo los mejores administradores de aquello con lo que Dios los había bendecido, pero cada vez que trataba de abordar el tema con Jamie, solo recibía evasivas.

Para el cumpleaños de Danny, Jamie lo sorprendió con una nueva piscina en el patio trasero. Había acordado todos los detalles con la empresa constructora, y la obra comenzaría la próxima semana. Según los cálculos de Jamie, ellos podrían pagarla por completo con sus siguientes dos cheques de bonificaciones. La idea atemorizó a Danny en un primer momento. Después de todo, era una inversión enorme. Cuando la construcción comenzó, se relajó un poco y decidió que podía comenzar a vivir la vida en un hogar con piscina. La misma semana en que se inauguró la piscina, Jamie obtuvo su próximo cheque de bonificación. La cantidad era menor de lo que habían esperado, pero Jamie le aseguró a Danny que el cheque siguiente compensaría la diferencia.

Cuando el cheque llegó, era menos de la mitad de lo que Jamie le había hecho creer a Danny que sería. Ahora Danny entró en pánico. Ellos tenían una piscina que no podían pagar. Si se tratara de un coche, podrían haberlo devuelto o vendido, pero no se puede devolver una piscina. Parecía que podrían verse forzados a vender su casa, y Danny se enojó. Su ira estaba dirigida contra sí mismo y Jamie. Nunca había estado endeudado en su vida, y en lugar de hacer lo que él pensaba que era correcto, se había dejado convencer y ahora estaban en un lío tanto económicamente como en su matrimonio. Sus finanzas estaban fuera de equilibrio y su matrimonio se hallaba contra las cuerdas.

Las dificultades con el dinero son siempre uno de los problemas principales que desequilibran a las parejas. El dinero es el tema más mencionado en el Nuevo Testamento. Eso es de algún modo reconfortante para mí. Me dice que Dios no se sorprende de que todos podamos luchar con el dinero. Tenemos un dilema interesante en nuestra cultura. Pocos nos consideramos a nosotros mismos ricos, pero el resto del mundo nos observa y piensa que lo somos. La perspectiva de ellos es diferente a la nuestra. Permanecemos absortos en lo que no poseemos en lugar de ver lo que tenemos.

Hace algunos años un vecino amigo mío se compró un coche deportivo nuevo y caro para Navidad. Era hermoso y rápido, y se veía fabuloso estacionado en la entrada de su casa. Me gustan los coches, pero nunca en toda mi vida había siquiera pensado en esa marca y modelo hasta que apareció en mi misma calle. ¡Ahora quería uno! ¿Es eso algo retorcido? La respuesta es sí, es algo retorcido.

Supongamos que alimenté esa obsesión y empeñé todo lo que tenía y compré un auto similar. ¿Qué podría haber ganado? Hubiera tenido un auto que no podía permitirme. También podría tener otras facturas que no era capaz de pagar y, en el mejor de los casos, tendría una esposa infeliz. Hubiera arruinado mi equilibrio financiero. La mayoría de las personas que están leyendo este libro serían consideradas ricas por el resto según las normas del mundo. Aquí está la clave para mantenerse rico. No la olvide. No es lo que nuestra cultura nos dice que hagamos. Se trata de "vivir dentro de sus medios". Es así de simple. Si no tiene dinero, no gaste. Punto.

El equilibrio en el ámbito financiero de nuestro matrimonio resulta esencial. Según los estudios, el dinero es el problema número uno por el cual las parejas pelean.[1] En otras palabras, si una pareja tiene problemas con el dinero, por lo general tendrá problemas en su matrimonio. Una chequera equilibrada, controlar los gastos y ahorrar algo de dinero puede conducir a un matrimonio equilibrado. Danny tenía el plan adecuado para su dinero, pero cedió ante Jamie por todas las razones equivocadas. En el fondo de su mente tenía este temor: "Si le digo que no, me va a dejar. No puedo creer que me haya ganado su corazón en primer lugar". Esa es una posición peligrosa para los cónyuges que se encuentran en ella. Eso es estar fuera de equilibrio en su matrimonio. Es lo más malo que pude ocurrir. En un matrimonio, el papel del esposo y el papel de la esposa son igualmente importantes, y ambos aportan mucho a la relación. Cuando uno se siente menos que el otro, su papel mengua y eso va en contra del plan de Dios para su matrimonio, sin hablar de que cosas malas comienzan a suceder.

A la semana siguiente Jamie vino con Danny. ¿Y adivina qué? Ella era una esposa que quería que su matrimonio funcionara. Les dije que mientras trabajaba con ellos en su matrimonio, también quería que vieran a un planificador financiero. Hoy Danny y Jaime ya se han reencaminado. Tuvieron que tomar algunas decisiones difíciles mientras vendían su casa y pagaban todas sus deudas.

El siguiente paso fue probablemente igual de importante, pues se comprometieron a mantenerse libre de deudas en el futuro. Con la ayuda del planificador financiero, comenzaron a invertir las bonificaciones de Jamie y planificaron sus compras a corto y largo plazo, pagando en efectivo por todo. Habiendo superado sus problemas financieros, mi trabajo como consejero matrimonial fue relativamente fácil. Ahora disfrutaban de un nuevo comienzo y habían hecho el inquebrantable compromiso de mantener el equilibrio financiero.

Su turno

Si me sentara hoy con usted y su cónyuge y les preguntara si su matrimonio está en equilibrio, ¿qué me responderían? ¿Con cuál de las parejas que conoció en este capítulo se identifican?

Keith y Katherine pasaban un montón de tiempo juntos sin conexión, y su matrimonio perdió el equilibrio. Recuerde, se trata tanto de la cantidad como de la calidad del tiempo que pasan juntos.

Travis y Wendy y sus tres hijos estaban viviendo en una camioneta con una bonita casa muy cerca. A pesar de lo mucho que Wendy intentó que sus horarios tuvieran sentido, iban de camino al desequilibrio.

Elijan hacer algo que le proporcione equilibrio a su matrimonio si comienzan a ponerlo en práctica constantemente como pareja.

Steve y Ann se conformaban con un matrimonio de dos personas que solo convivían. La falta de diversión conjunta causó que su matrimonio perdiera el equilibrio. Tony y Julia estaban permitiendo que el miedo a romper con las tradiciones familiares arruinara su equilibrio. Danny y Jamie tomaron decisiones financieras que destruyen a muchos matrimonios. Restablecer el equilibrio económico fue la clave para que su matrimonio fuera restaurado.

Su historia puede ser similar a una de estas o puede ser diferente, pero sin importar cuál sea, el equilibrio requiere mucho trabajo.

Permítame darle una sugerencia.

Elijan hacer algo que le proporcione equilibrio a su matrimonio si comienzan a ponerlo en práctica constantemente como pareja. Ahora que ya han hecho su elección, ¿por dónde y cuándo pueden empezar? ¿Cuáles son sus obstáculos? ¿Cómo pueden eliminarlos juntos? No se rindan. Perseveren y comenzarán a experimentar un mayor equilibrio en su matrimonio.

FUSIÓN

Las relaciones sexuales como la unión de las almas

Ya hemos hablado sobre los conflictos, la comunicación, el equilibrio, las peleas justas...hablemos ahora de las relaciones sexuales. Más importante aún, hablemos de lo que se necesita para tener las mejores relaciones sexuales posibles. Pienso que la respuesta lo sorprenderá, porque usted probablemente no la verá esta noche en el programa tardío.

A pesar de que quería saber todo sobre el sexo a los veintidós años de edad y como un esposo recién casado, mis conocimientos eran sumamente deficientes. Mi educación sexual provino de mis compañeros y de una película sobre educación sexual mal hecha que vi en sexto grado. Solo déjeme decirle que había dibujos animados con caras sonrientes representando al esperma.

La iglesia en la que crecí trató de ayudar pidiéndole a un médico local que viniera a pasar un tiempo con el grupo de jóvenes. La idea era que él hiciera algunos comentarios y después nosotros pudiéramos hacer preguntas. El salón estaba lleno de jóvenes; él hizo algunas observaciones y luego se dio el anuncio de que podían comenzar las preguntas, el cual fue seguido por treinta minutos de silencio. Lo sentí mucho por el médico, por la iglesia que lo intentó, y por los adolescentes que se fueron más frustrados que nunca.

Como hombres, parece que pensamos que tenemos que saberlo todo sobre el sexo. Creemos que precisamos ser expertos en esto. No estoy exactamente seguro de dónde se originó ese pensamiento, pero parece haber sido transmitido de generación en generación desde hace muchos años.

Nancy creció en Houston, que estaba al sur y el este y aproximadamente a ocho horas de distancia del lugar donde crecí en

Oklahoma City, pero eso no parece hacer mucha diferencia en lo que a su educación sexual, ya que la de ella era más escasa que la mía. Ella ni siquiera tenía amigos que fingían saber sobre el sexo. Tal vez era una cosa masculina/femenina en ese momento en nuestra cultura. Básicamente, a Nancy le enseñaron que el sexo era malo y sucio, y que arruinaría su reputación para siempre. Era la mayor de tres niñas, y ese fue el mensaje que se le dio a cada una de ellas.

Esta era la filosofía sobre la educación sexual que prevalecía para las niñas en esa época…y por desgracia todavía algunos la enseñan hoy en día. Combínela con las hormonas, y tendrá una enorme confusión en el mejor de los casos.

En el momento en que nos conocimos en la universidad, Nancy seguía siendo virgen y yo no. Esto planteó un dilema para mí por más de una razón. Al estar con mis amigos me parecía que era genial presumir de mi virilidad, pero con Nancy quería ser virgen otra vez y llegar de la misma forma en que ella había llegado a la relación, y con optimismo a nuestro futuro matrimonio. Nunca hablamos mucho sobre mi pasado. En algún punto de nuestra relación ella supo que yo no era virgen y optó por continuar juntos. Nunca le pedí perdón hasta unos pocos años después de nuestro matrimonio, y fue entonces cuando descubrí que Nancy ya me había perdonado años antes.

Sin embargo, lo que hice y lo que aconsejo hacer a otros son cosas diferentes. Si yo tuviera una segunda oportunidad en cuanto a compartir mi pasado con Nancy, la tomaría. Puesto que no lo hice, he aquí el consejo que les doy a las parejas hoy cuando me hacen la pregunta: "¿Debo compartir mi pasado sexual con mi novio?".

Mi respuesta es sí y no. El "sí" se debe a que creo que compartir nuestro pasado continúa edificando una relación llena de honestidad y franqueza. También es importante que sepa que su futuro cónyuge sabe todo sobre usted y todavía lo elige. El "no" se refiere a los detalles. Una cosa es hablar de nuestras relaciones pasadas y la extensión de la implicación sexual. Y otra cosa es hacer una descripción de todo lo que pasó con lujo de detalles. Nunca he visto que esto sea útil en absoluto.

El día que nos casamos, Nancy tenía veinte (apenas cumplidos) y yo veintidós (también cumplidos hacía poco). Ella lucía maravillosa. Hicimos todas las cosas tradicionales. No nos vimos con anterioridad el día de nuestra boda y no se me permitió ver su vestido hasta la noche, mientras caminaba por el pasillo. Ella era realmente la criatura más hermosa que jamás había visto. Cuando llegó a la parte delantera de la iglesia, yo no tenía ni idea de si podría hablar o no. Afortunadamente, fui capaz de repetir mis votos y decir: "Sí, acepto". La ceremonia para mí fue algo borrosa, y pronto estábamos en el asiento trasero de una limusina dirigiéndonos a la recepción.

Cada pareja tiene su propia historia de la noche de bodas. Para algunos es el cuento de hadas hecho realidad. Para otros, el cohete nunca despega...al menos no al principio. Mi consejo para las parejas que se encaminan al matrimonio es que mantengan unas expectativas realistas en cuanto a la noche de bodas. ¡Si el cohete despega, genial! Si solo chisporretea, tienen muchas más noches para dejar que esa parte de su matrimonio se desarrolle. Sin importar cómo esta resulte para usted, reconozca que la experiencia de la noche de bodas es el primer paso en el proceso de edificación de la relación sexual que tendrán por el resto de sus vidas.

Como hombres, nos interesa mucho la mecánica. Estamos muy intrigados con la forma en que funcionan las relaciones sexuales entre un esposo y una esposa: la forma en que Dios ha diseñado nuestros cuerpos para que dancen juntos. De alguna manera, muchos de nosotros pensamos que nuestras esposas están también muy interesadas en la mecánica. Ese es el mensaje que nuestra cultura nos ha dado muchas veces. Curiosamente, Dios nos ha creado más que un poco diferentes en ese aspecto.

En mi práctica de consejería veo una y otra vez que las mujeres quieren romance, confianza, compromiso y seguridad. Si esas cosas están presentes, entonces motivan las relaciones sexuales. Los hombres, por otro lado, a menudo creen que están expresando las mismas cosas—romance, confianza, compromiso y seguridad—a través de las propias relaciones sexuales. Entonces, ¿cómo aprender a entenderse y satisfacer las necesidades únicas mutuamente? Para ello, tenemos que volver al principio.

Las relaciones sexuales como un regalo

Dios nos da una imagen bastante clara de su diseño para las relaciones sexuales en la Biblia. Usted puede estarse preguntando: "¿Relaciones sexuales en la Biblia? De ninguna manera". Probablemente dice eso debido a que cree que Dios es un mojigata que se encuentra en algún lugar del cielo.

Permítame desengañarlo. En primer lugar, ¿quién cree que creó las relaciones sexuales? En segundo lugar, ¿quién cree que hizo al hombre y la mujer de forma tal que encajan entre sí sexualmente? En tercer lugar, ¿quién puso todos esos nervios sensoriales que nos dan placer en las partes del cuerpo del hombre y la mujer? A pesar de lo difícil que es para muchos de nosotros considerar al sexo como otro increíble regalo de Dios, este realmente lo es, y Dios quiere que lo disfrutemos plenamente como marido y mujer.

En el primer capítulo de Génesis, Dios comparte su plan para la procreación: "Sean fructíferos y multiplíquense". ¿Cómo usted cree que Dios tenía la intención de que lográramos esto? Ya sabe, si Él quisiera que una cigüeña trajera a los bebés, podría haberlo hecho, pero esa no es la manera de tener a los bebés. Sean fructíferos y multiplíquense. Luego, abra otra vez su Biblia en el libro llamado Cantares. En este libro se ve a Salomón haciéndole el amor a su esposa en dos momentos diferentes. Una vez comienza por sus pies y se mueve hacia arriba. En otra ocasión, comienza por la cabeza y se mueve hacia abajo. Habla de sus pechos y de hacer el amor con ella toda la noche. Quizás algunos de ustedes que nunca han abierto una Biblia ahora están considerando hacerlo. ¡Eso es alentador!

La Biblia también nos dice en Génesis que un hombre y su esposa se convierten en "un solo ser". Déjeme darle mi opinión sobre esto. En primer lugar, la dinámica de ser un solo ser sucede, por supuesto, a un nivel físico. Hablando la verdad, cualquier hombre o mujer puede unirse de esta manera, ya sea casado o soltero, cristiano o no cristiano. Mi opinión es que las parejas casadas cristianas tienen la posibilidad de experimentar este fenómeno de ser un solo ser de una forma exclusiva, a un nivel emocional y espiritual. La unidad que se produce es indescriptible. ¿Por qué esto es cierto? Probablemente podría darle toda una serie de razones, pero existen dos que creo que son muy importantes. En primer lugar, hay algo muy especial con respecto a una pareja cristiana casada recibiendo el don del sexo de Dios de la manera en que Él diseñó que fuera recibido. En segundo lugar, hay una dimensión espiritual para las parejas cristianas que es difícil de describir, pero que agrega mucho a la experiencia. ¿Todas las parejas cristianas experimentan esto? Probablemente no, o al menos no en todo momento, pero la posibilidad está ahí para todas y cada una de ellas.

Hay una palabra que se usa en el idioma hebreo para esta experiencia. La primera vez que la oí estaba escuchando un mensaje sobre el libro de Cantares que impartía el pastor Matt Chandler, de Village Church. La palabra es *dod*, y la definición de *dod* es "una unión de almas". ¿Cuán cerca pueden estar dos personas? Permítame explicarlo de esta manera.

Cuando una pareja cristiana está poniendo en práctica todas las cosas que explicamos en los capítulos del uno al cinco y se unen entre sí físicamente para hacer el amor, ocurre esta mezcla de las almas, y es por eso que creo firmemente que las mejores relaciones sexuales tienen lugar en el contexto de un matrimonio cristiano. ¿Por qué? Porque el sexo en un matrimonio que pone a Dios en el primer lugar y al cónyuge en el segundo incluye algo más que la mecánica. Contiene un elemento espiritual también, lo cual hace que la unidad física sea mucho más profunda. Solo hay una razón para convertirse en cristiano, y es tener una relación personal con Jesucristo, pero algunos de los beneficios secundarios resultan asombrosos. Sin lugar a dudas, uno de ellos es *dod*.

El plan de Dios para la pureza

La idea de permanecer puros hasta el matrimonio se pierde en el bullicio cultural cuando se trata del sexo. Nuestra cultura insiste: "Tengan relaciones sexuales y tengan muchas, y ni siquiera se molesten pensando en esperar". Esta parte del diseño de Dios para el matrimonio es difícil de vender. Algunos ya estarán listos para saltar al siguiente capítulo. Déjeme decirlo de este modo. No creo que mi trabajo aquí sea convencerlo de elegir la pureza antes del matrimonio. Mi trabajo, como yo lo veo, es simplemente darle algunas cosas en qué pensar. La elección es como siempre ha sido...se trata de su decisión.

Christopher y Anna estaban comprometidos para casarse. Ellos se encontraban sentados en primera fila durante la clase que estaba enseñando, "Preparación para un matrimonio increíble". Al igual que sucedió con la mayoría de las parejas, pronto conocí su historia prefabricada. Ellos compartieron la fecha de su boda y los planes junto con los detalles de dónde trabajaban y cómo se conocieron. Fue más tarde que conocí su historia real.

Christopher tenía veintisiete años y este sería su primer matrimonio. Él había estado a punto de casarse un par de veces, pero nunca recorrió todo el camino hasta el altar. Fue sexualmente activo en la escuela secundaria, la universidad y los años posteriores, incluyendo sus dos relaciones serias. Anna había hecho la decisión de mantenerse virgen hasta el matrimonio, pero una relación a largo plazo en la universidad cambió todo eso. Luego de la universidad, hubo otros dos chicos que terminaron convirtiéndose en relaciones serias. A mediados de sus veintitantos, ninguno de los dos se sentía satisfecho con la dirección que estaban tomando, y cada uno decidió probar un camino diferente. El mejor amigo de Christopher asistía a una nueva iglesia que le gustaba. Al siguiente domingo, Christopher lo acompañó y se sintió como en casa. Esto podría ser lo que buscaba.

Al mismo tiempo, Anna estaba buscando activamente una iglesia a la que asistir. Dos domingos después, llegó a esa misma congregación a la que Christopher estaba yendo. La iglesia era diferente a cualquier cosa que ellos hubieran experimentado en el pasado. El pastor estaba

Nunca he hablado con una persona o una pareja que eligiera la pureza y lo hubiera lamentado. Nunca he hablado con una persona o una pareja que eligiera ser sexualmente activa fuera del matrimonio y asegurara que estaba completamente satisfecha.

Fusión: Las relaciones sexuales como la unión de las almas

culturalmente sintonizado y enseñaba la Biblia de una forma que resultaba relevante y tenía sentido. A pesar de que la iglesia era bastante nueva, casi mil personas se reunían allí el domingo por la mañana. En este momento de sus vidas, Christopher y Anna no estaban buscando una relación, pero cuando el domingo de casualidad se sentaron uno junto al otro, algo los hizo estremecerse. "¿Quién es ese hombre?" y "¿Quién es esta chica?" y "¿Cómo terminamos sentados juntos?". Ellos se dijeron muy poco el uno al otro cuando el servicio terminó aparte de los comentarios amables obligatorios. Al domingo siguiente, Christopher estaba buscando a Anna y de alguna manera se sentó junto a ella otra vez. En esta ocasión hablaron y comenzó una relación.

Me encanta la forma en que trabaja Dios. Tanto Christopher como Anna estaban considerando renovar su compromiso con la pureza antes del matrimonio. Se trataba más bien de querer intentarlo a la manera de Dios, ya que la forma de ellos no había funcionado, que de una profunda convicción que sintiera cualquiera de los dos. La profunda convicción de hacerlo a la manera de Dios vino después, mientras hacían el compromiso de mantener su relación pura.

Sería bueno poder decir que hacer el compromiso fue lo difícil y el resto resultó fácil, pero eso no fue lo que sucedió. En realidad, ocurrió todo lo contrario. El compromiso verbal fue fácil, y luego casi cada día representaba una lucha. Las dudas inundaron sus mentes. "¿Era esto lo que se suponía que debíamos hacer?". "¿La Biblia no fue escrita para las personas hace mucho tiempo?". "¿Puede Dios realmente esperar que permanezcamos puros hasta el matrimonio en esta época?". La respuesta para cada pregunta era siempre sí. El período de noviazgo y compromiso duró dos años, y finalmente llegó el día de su boda. Ellos lo habían logrado. Esta relación era pura.

Tres meses después de su matrimonio me encontraba sentado frente a Christopher y Anna. Hablamos de muchas cosas antes de que finalmente les hiciera esta pregunta: "¿Valió la pena la espera?". Sin una pausa, ambos respondieron: "Sí". Esta es la esencia de lo que les escuché decir. Dios redefinió por completo el sexo para ellos. Lo que estaban viviendo era diferente a todo lo que habían experimentado en el pasado. Antes, ellos no tenían idea de lo que significaba *dod*. Hoy en día lo estaban viviendo. Lo que quiero que usted entienda es que servimos a un Dios que redime nuestro pasado. Sin importar las decisiones sexuales pasadas que haya hecho, las mismas son solo eso. Están en el pasado. Hoy es un nuevo día, y el Dios del universo quiere redefinir su vida. ¿Estaría dispuesto a hacer un intento en cuanto a esto? Nunca he hablado con una persona o una pareja que eligiera la pureza y lo hubiera lamentado. Nunca he hablado con una persona o una pareja que eligiera ser sexualmente activa fuera del matrimonio y asegurara que estaba completamente satisfecha. Una vez más, usted tiene una opción. ¿Qué va a elegir?

Sobre las diferencias sexuales

Si Dios hubiera hecho tanto a los hombres como a las mujeres con impulsos sexuales masculinos, ¿cómo sería eso? Si Dios hubiera hecho tanto a los hombres como a las mujeres con impulsos sexuales femeninos, ¿cómo sería eso? La solución está, por supuesto, en que Él no lo hizo, y esto es a la vez una buena y una mala noticia para todos nosotros. Debido a que somos diferentes, la diversión es mayor; pero debido a que somos diferentes, tenemos que aprender lo que hace el otro. Comencemos con los hombres.

La mayoría de los hombres piensan en el sexo más que sus esposas. La mayoría de los hombres quieren tener sexo más veces a la semana que sus esposas. La mayoría de los hombres fantasean sobre el sexo con sus esposas. Sí, estas son generalidades, y sí, siempre hay excepciones para las generalidades, pero una y otra vez, esta es la tendencia que surge en la oficina de consejería. Si usted es una esposa y su deseo sexual es a veces o siempre más fuerte que el de su marido, por supuesto que no hay absolutamente nada malo con su persona. He aconsejado a muchas parejas para las que esto era cierto. Sin embargo, para muchos hombres, la mayor satisfacción en la relación sexual matrimonial está en saber que puede brindarle placer a su esposa y que ella se siente más cerca de él debido a la relación sexual. Ahora bien, para él eso es romántico.

El mito es que un hombre puede tener relaciones sexuales con la casa quemándose a su alrededor. Si bien hay un elemento de verdad en esa afirmación, la realidad es que un marido no solo quiere un cuerpo para satisfacerse. Desea una mujer receptiva que también obtenga placer de la relación sexual con él.

La lista de lo que la esposa quiere en la relación sexual matrimonial es exactamente igual a la lista del esposo.

Estoy bromeando. Solo tenía que decir eso. Los deseos sexuales de una esposa, como usted bien sabe, son muy diferentes a los de su marido. Permítame ayudarlo con eso, amigo. Las necesidades de su esposa probablemente nunca tengan sentido para usted, pero no tienen que tenerlo. Usted solo necesita aceptar el hecho de que el diseño de ella es muy diferente al suyo. De esa manera no se pasará la vida tratando de cambiarla o intentando descifrar todo el asunto.

Ella tiene que ser capaz de confiar en usted. Esto significa más que estar segura de que le será fiel, a pesar de que eso resulta esencial. Implica saber que nunca le mentirá o la lastimará de manera intencional. Es saber que nunca la va a descuidar durante todo el día solo para usarla en la noche, sino más bien que la amará todo el día y la amará en la cama de igual forma. Significa confiar en que en la relación sexual usted no va a aprovecharse de ella en modo alguno. Es saber que cuando está más vulnerable en sus brazos, también tiene la mayor seguridad. No viole jamás esa confianza. Permita que ella permanezca en su nivel de comodidad.

Su esposa necesita saber que usted será fiel al compromiso que ha hecho con ella delante de Dios el día de su boda. Ese compromiso fue para toda la vida, hecho en una cultura que mide el compromiso en minutos. Solo hay una manera de mostrar esta vida de compromiso y es simplemente estando allí cada día durante el resto de sus vidas. Eso es lo que ella quiere y lo que ambos necesitan, pero el compromiso real lleva las cosas un paso más allá.

El compromiso real implica estar inmerso en el matrimonio. Va mucho más profundo que mantener su presencia diaria. Considérelo de esta manera. Puedo haber vivido más o menos cincuenta años de matrimonio y nunca ser infiel y siempre estar presente, pero nunca invertir en mi matrimonio. Puedo decir que estoy comprometido, pero en realidad nunca dar de mí. A pesar de lo mucho que odio lo que los divorcios causan en la vida, casi odio del mismo modo lo que sucede cuando las parejas simplemente coexisten juntas. Ellos comen en la misma mesa, duermen en la misma cama, se sientan uno al lado del otro en sus sillones reclinables mientras ven la televisión, y no tienen idea de lo que está sucediendo en el interior del otro. Para mí, eso no es un matrimonio. Eso es coexistir... y no exactamente la imagen del romance, ni ciertamente lo que Dios tenía en mente.

Nuestro mundo está demasiado lleno de parejas que solo cumplen con las formalidades del matrimonio en el exterior sin estar casados en el interior. La Biblia compara la relación matrimonial a la relación de Jesús con la iglesia. Esa relación está llena de sacrificio, amor y afecto. Es una relación increíblemente estrecha que nos mantiene conectados por siempre. El compromiso es darle su corazón a alguien más cien por ciento. Se requiere del *compromiso* como un sustantivo y convertirlo en *comprometerse* como un verbo. Es una palabra que indica acción tanto en el exterior como en el interior. Cambia matrimonios y derriba los obstáculos que puede interponerse entre un esposo y su esposa.

Ser fiel al compromiso de una relación matrimonial monógama es una parte esencial del diseño de Dios para el matrimonio en un mundo que ve cada vez más esto como no esencial. Ser fiel aquí significa que todo su enfoque sexual está en su cónyuge y solo en su cónyuge. Significa que establece límites estrictos con el sexo opuesto y los mantiene. Esto significa nada de pornografía en ninguna forma. He aconsejado a muchas mujeres cuyos maridos están involucrados con la pornografía y me hacen esta pregunta: "¿Por qué él mira esas cosas cuando me tiene a mí?".

Esta es una pregunta muy real, que resulta en un dolor verdadero. Y les toca a los hombres evitar causar tanto dolor. El plan de Dios para mí sexualmente en el matrimonio es este: el sexo debe estar contenido por completo en mi matrimonio. Nada de pornografía. Nada de clubes nocturnos. Nada de flirteo. Nada de desnudar mentalmente a nadie más que a mi mujer. Mis pensamientos, ideas y fantasías sexuales se centran en Nancy y solo en ella. Sé lo que algunos están pensando, que lo que estoy diciendo es contracultural y al parecer pasado de moda, pero mi respuesta es simple. A partir de mis años de experiencia hablando con las parejas, esta manera funciona, mientras que la manera del mundo no lo hace.

Estos problemas no son exclusivos de los hombres tampoco. Hasta no hace mucho todos los debates sobre pornografía se enfocaban en los hombres y la pornografía visual. Hoy en día, cada vez más mujeres están experimentando con la pornografía, la mayoría en forma escrita. Las revistas femeninas, los libros sexuales y las novelas parecen estar recibiendo la mayor parte de la atención. La conclusión es la siguiente. Sin importar si usted es hombre o mujer, tiene que hacerse esta pregunta: "¿Este es el plan de Dios para mi matrimonio?". Creo firmemente que Dios nos dio todo lo que necesitamos para tener una relación sexual más que buena. El mejor sexo tiene lugar simplemente entre un esposo y una esposa que se unen desnudos y sin vergüenza, disfrutando por completo juntos los cuerpos que Dios les dio.

En general, las mujeres son más verbales que sus esposos. Ciertamente, esto no siempre es cierto; pero verbales o no, la mayoría de las esposas parecen querer un cierto nivel de una buena comunicación con su esposo. Para una mujer, la comunicación con su marido es ese cable de conexión que los mantiene unidos. En mi opinión, la buena comunicación entre un esposo y una esposa no es una opción. Es una necesidad absoluta. Sin ella, el matrimonio se resiente y la relación sexual nunca alcanzará su pleno potencial.

Por último, su esposa necesita que usted entienda cuán importante es el contacto no sexual para ella. Muchos de los hombres piensan que el contacto no sexual era aquel que nos vimos obligados a practicar antes del matrimonio, porque el contacto sexual estaba fuera de los límites o supuesto a estarlo. Tenemos dos categorías de contacto. No sexual antes del matrimonio. Sexual en el matrimonio.

El hecho de que el contacto no sexual tiene lugar en el matrimonio nunca cruza por nuestras mentes hasta que nuestra esposa saca a relucir de alguna manera el tema. Usted puede haber escuchado estas palabras: "¿Tienes que toquetearme cada vez que te acercas?" o "¿No puedes solo abrazarme?" o "¿Todo siempre tiene que ver con el sexo?".

Nancy usó todas estas frases de un modo u otro, junto con unas cuantas más. No capté el mensaje hasta que me di cuenta de que estaba durmiendo tan cerca del borde de su lado de nuestra cama extra grande como le fuera posible. Había un océano de sábana entre los dos. No solo era que se había alejado, sino que me había dado la espalda, y por lo general estaba dormida o fingiendo estarlo antes de que me acomodara en mi lado de la cama. Esto me llevó a una conclusión sorprendente: necesitaba escuchar lo que me estaba diciendo. Lo sé. Me sorprendo a mí mismo a veces con las revelaciones que se me ocurren.

Usted no debe necesitar un diccionario para desentrañar la definición de contacto no sexual. Este se define por sí mismo. El contacto no sexual es aquel donde no se tocan las partes sexuales. Mantenga sus manos alejadas de sus pechos, la parte trasera y la vagina. El contacto no sexual implica agarrarle la mano, colocar su brazo alrededor de ella, abrazarla y sentarse muy juntos.

Hice un trato con Nancy para conseguir que se acercara a mi lado de la cama. (Algunos van a odiar esta idea, pero funcionó para nosotros y posiblemente podría funcionar para usted.) Mi promesa fue que solo la tocaría de manera no sexual a menos que ella tomara la iniciativa o expresara un deseo de querer más. En el momento en que estas palabras salieron de mi boca, las lamenté. ¿Qué había hecho? En primer lugar, pensé que nunca podría seguir adelante con esto, y en segundo lugar, si lo hacía, viviría el resto de mi vida matrimonial sin sexo.

Con la ayuda de Dios, ninguno de estos temores se hizo realidad. ¿Y adivina usted lo que aprendí a través de este proceso? Aprendí no solo a disfrutar, sino también a valorar el contacto no sexual. Antes del matrimonio, esa era la única opción, y lo pongo en la categoría de lo segundo mejor; pero ahora yo mismo estaba eligiéndolo. Estaba eligiendo tomarla de la mano, abrazarla con mis brazos alrededor de su cintura, y mantenerlos allí. Me quedaba dormido en la cama mientras la abraza y despertaba de esa manera por la mañana. ¿Deseaba tener contacto sexual? Por supuesto. Ese deseo nunca me abandonó, pero estábamos redefiniendo nuestra relación sexual de una manera buena.

Si Nancy nunca hubiera hablado del contacto no sexual y si yo nunca la hubiera escuchado, nos habríamos perdido una parte importante de nuestro matrimonio. Cuando honré su deseo, no pasó mucho tiempo antes de que nuestra relación sexual se revitalizara, pero era diferente. Habíamos añadido algunas piezas de conexión importantes. ¿Me cuesta trabajo a veces? Por supuesto. No obstante, he aprendido que hay un tiempo y un lugar para todo tipo de contacto en el matrimonio, y todos ellos son buenos y necesitan ser parte de la relación sexual. Esta es una cuestión de equilibrio, y el equilibrio siempre es bueno en un matrimonio.

Ahora usted tiene una opción. Puede seguir creyendo lo que Hollywood usualmente nos dice sobre los instintos sexuales masculinos y femeninos, o puede ver que hay diferencias. Creo que esas diferencias eran y son una parte del plan de Dios. Podemos aprovechar tales diferencias o rechazarlas. Si las rechaza, es posible que se encuentre rápidamente una vez más en el terreno de la locura. Usted está intentando una y otra vez obtener un resultado diferente en lugar de aceptar las cosas como son. Si las acepta, usted no está haciendo solo la mejor de las cosas, sino comprobando que lo mejor de Dios es para usted y su matrimonio.

En un matrimonio saludable, un esposo y una esposa tienen la oportunidad de aprender el uno del otro. Si fuéramos iguales, no habría nada que aprender, y honestamente, creo que con el tiempo llegaríamos a aburrirnos. Al tener diferencias y aceptarlas, tenemos la oportunidad de crecer, experimentar más de lo que Dios tiene para nosotros en el matrimonio y construir algo especial.

Los hombres y el sexo

¿Cuáles son algunas de las cosas que un hombre puede hacer para mejorar su relación sexual con su esposa? Aquí vamos. En primer lugar, creo que tiene que encontrar la manera de ser romántico. ¿Cuáles son sus ideas con respecto a esto? ¿Cuáles son sus modelos a seguir? Yo fui bastante afortunado en este aspecto, pues mi padre era bueno en todo ese asunto del romance. Él le compraba regalos a mi mamá, la llevaba a cenar, tocaba música para ella, bailaba con ella y la trataba con gran respeto. Presencié todo esto mientras crecía, así que empecé a pensar que en mi matrimonio iba a batear un cuadrangular tras otro en el departamento del romance. Lo hice bastante bien, pero necesitaba hacer un ajuste. Nancy no era mi madre. Todas las cosas que vi que funcionaban con mi madre no funcionaban con Nancy. Eso fue frustrante para mí. Siendo un hombre, quería una fórmula que trabajara y pudiera repetir una y otra vez durante toda la vida de nuestro matrimonio. Nunca la obtuve, y no creo que la mayor parte de los hombres la obtenga tampoco. Si usted quiere saber qué ella considera romántico, pregúnteselo. Las cosas pueden ponerse un poco difíciles aquí si su esposa se ha creído el mito de que si usted en realidad la ama, debe saberlo.

La conclusión es que no podemos leer la mente del otro. Damas, intenten esto. Solo díganle a su esposo lo que piensan que es romántico. Denle la posibilidad de preguntarles y hacerlo, y si ellos no lo hacen, tienen mi permiso para ignorarlos por completo.

A Nancy le gustan los regalos, pero no como le gustaban a mi mamá. Mi papá le llevaba a mi mamá un regalo y ella se iluminaba como un árbol de Navidad. Eso la hacía sentirse querida y era exactamente lo mismo que su padre hizo por ella y su madre. Cuando la daba a Nancy un regalo, sabía que le gustaba, pero su reacción era diferente a la que había visto en mi madre. Los regalos no afectan a Nancy de la forma en que lo hacían con mi madre. Yo estaba confundido. ¿Qué podría causar en Nancy el mismo efecto que causaban los regalos en mi madre?

En los años que viví en casa, mi padre estuvo involucrado en un montón de organizaciones y asistió a muchas reuniones. Nunca escuché a mi madre quejarse de esto. Yo también he estado involucrado en una serie de cosas diferentes y al principio de nuestro matrimonio podía pasar mucho tiempo fuera.

Nancy se quejó. Ella me decía que deseaba disfrutar de más momentos juntos, y me tomó un tiempo bastante largo escuchar realmente lo que estaba diciendo. Me estaba pidiendo más tiempo conmigo, y cuando finalmente empecé a proporcionárselo, nuestra relación matrimonial dio un gran paso adelante.

El hecho de saber que yo le di la prioridad y que apartaba tiempo cada día y semana para nosotros dos era romántico para ella. Esto fue determinante. Ella necesitaba mi tiempo, y yo podía hacer eso. (Además de que era mucho menos caro que el asunto de los regalos.) Con el tiempo, pude descubrir mi propia forma de hacerla sentir amada, pero Nancy necesitaba decírmela, y cuando lo hizo, fue mi trabajo seguir adelante.

Por lo general, el cónyuge que tiene el deseo sexual más fuerte va a tomar con mayor frecuencia la iniciativa. Como hemos comentado anteriormente, a menudo, pero no siempre, se trata del esposo. Como hombres, tenemos una tendencia a apresurar el proceso. Las palabras *instantáneo*, *rápido* e *inmediato* se aplican a todo, desde la comida hasta los entrenamientos. Cuando incluimos la relación sexual en este estilo de vida apresurado, tendemos a dejar a un lado una parte importante, que es el preludio sexual. El principal problema de nuestra cultura con los juegos sexuales previos parece ser que estos necesitan tiempo y nosotros no se los dedicamos. Por lo tanto, fallamos en hacer las cosas que aumentan las sensaciones y nos preparan para el coito.

¿Desea usted ser parte del juego sexual previo en su matrimonio? Piense en ello y luego hablen entre sí. Comprométanse a dedicar tiempo para el preludio sexual. Es fácil establecer una costumbre sexual y entonces el sexo puede convertirse en una rutina. No deje que eso le ocurra, y si ya ha sucedido, resístase a ello. Luche por una relación sexual increíble y que los acerque el uno al otro de todas las maneras posibles.

Finalmente, hombres, traten de lucir atractivos. Permítame decirlo de otra manera. Busque ser atrayente. ¿Se acuerda de cuando eran novios? La mayoría de nosotros cuidábamos mucho de nuestra apariencia. Nos aseábamos y pensábamos en lo que íbamos a vestir. Queríamos impresionar a nuestra novia y ser atractivos. ¿Por qué no hacer lo mismo en el matrimonio? Cumpla con lo esencial. Báñese. Cepille sus dientes. Manténgase en forma y cuide de su apariencia. Use colonia y deje que su esposa la escoja, porque es ella la que va a olerla. Solía seleccionar las colonias que me gustaban. Creo que era por el olor rústico (sea lo que sea). Esto no estaba funcionando, pero Nancy siempre me dijo que quería que usara colonia.

Entonces, en un viaje el Caribe por nuestro aniversario, las cosas cambiaron. Era una mañana lluviosa, así que dejamos la playa y nos dirigimos a una zona comercial. Fue allí donde mi vida cambió. Llegamos a un mostrador que exhibía fragancias para hombres y Nancy comenzó a probar las diferentes colonias en mí. Encontró una que le gustaba y me animó a comprarla. Esa tarde, después de que me duchara a fin de prepararme para la cena, me rocié la nueva colonia. Esa noche tuvimos probablemente las mejores relaciones sexuales que habíamos experimentado en mucho tiempo. Usé la colonia por el resto del viaje, y nuestra relación sexual alcanzó nuevas alturas. Juré usarla el resto de mi vida.

Fue probablemente al mes de regresar a casa que comprendí que el Caribe debió haber jugado un papel en la reacción de Nancy a mi colonia, pero aprendí una valiosa lección. No voy a comprar jamás colonia sin ella y dejo que la elija.

Las mujeres y el sexo

Al igual que hay cosas que un marido puede hacer para mejorar la relación sexual matrimonial, también hay cosas que una mujer puede hacer. La primera parece simple, pero puede complicarse. Puede ser un reto para usted como esposa aceptar las necesidades sexuales de su marido, ya que Dios nos hizo diferentes. Mientras está acostada en la cama pensando en cómo mejorar la comunicación entre los dos, su esposo puede estar a su lado pensando en hacer el amor.

Ciertamente, tanto el esposo como la esposa pueden fantasear con respecto a su relación sexual, pero la mayoría de los hombres lo hacen más. Esta es una diferencia que puede no tener sentido para una mujer, pero constituye un hecho de la vida. Sea cual sea su situación, debe aceptar esta diferencia, y si no lo hace, esto puede causar una gran cantidad de frustración para los dos.

Considere esto. Su esposo la eligió. Usted es la persona más atractiva que ha conocido. Si su matrimonio es saludable, y oro que lo sea, la desea a usted y solo a usted. Aprecie eso.

Hay ocasiones, incluso después de todos estos años de matrimonio, en que Nancy todavía me mira y mueve la cabeza. Podría ser un momento en que piensa que ella se ve peor, y yo le digo que nunca se vio más bonita; o puedo creer que se ve sexy cuando el sexo es el pensamiento más lejano en su mente. Aunque pienso que ella no comprende todo esto acerca de mí, creo que no solo ha aprendido a aceptarlo, sino también a valorarlo como algo bueno de parte de alguien que la ama. Además, eso es mucho más fácil que lidiar con el pensamiento de que su marido podría realmente estar loco.

En la consejería he descubierto que pocas parejas hablan de su vida sexual. Pocas veces se preguntan unos a otros lo que les gusta o no les gusta. Ellos jamás hablan de lo que les gustaría intentar. Eso nunca ayudará a que su vida sexual avance. Resulta tan esencial hablar de su vida sexual en su matrimonio como de otras cosas que considera importante. A veces las mujeres me dicen que tienen miedo de preguntarles a sus maridos lo que quieren en su vida sexual. No se atreven a escuchar lo que él les diría. Esto es lo que les aconsejo: "Pregunte. Deje que se exprese. Si no quiere hacer lo que él sugiere, siempre puede decirle que no, pero pregunte".

Recuerde que Dios nos dio nuestros cuerpos para disfrutar la relación sexual en el matrimonio. Hay mucho que explorar, y cualquiera que afirma que su vida sexual es aburrida solo se ha vuelto perezoso o indiferente. No tenga miedo de actuar como un explorador con su cónyuge. Puede encontrar un nuevo territorio increíble.

He aquí hay algunas preguntas para empezar:

- ¿Cuál es la mejor experiencia sexual que ha tenido en su matrimonio?
- ¿Qué hizo que ese momento fuera especial?
- ¿Qué le gusta más de los juegos previos?
- ¿Hay algo que no le gusta o resulta incómodo para usted?
- ¿Hay algo que le gustaría intentar?
- ¿A qué hora del día es mejor para usted?

Es tan importante para una mujer preocuparse por lucir atractiva como lo es para su esposo hacer lo mismo por su propia persona. La diferencia es la siguiente. Como esposa, si está viva, es probable que haya cumplido esta tarea. No es complicado. Sin embargo, nuestra cultura es dura con las mujeres. Existe esa imagen de la mujer hermosa perfecta que nadie puede igualar. Damas, permítanme decirles esto, y por favor escúchenme. Esta es la forma en que veo a Nancy, y creo que es la forma en que muchos hombres ven a su esposa. Sinceramente, creo que ella es más hermosa hoy que nunca antes. Lo que me atrajo a los veinte años es diferente a lo que me atrae en la actualidad. Hemos crecido juntos y veo mucho más en ella ahora que solo la belleza externa.

> **Lo que me atrajo a los veinte años es diferente a lo que me atrae en la actualidad. Hemos crecido juntos, y veo mucho más en ella ahora que solo la belleza externa.**

Mientras escribo esto, Nancy precisamente entró a mi estudio para darme un beso antes de salir a una cita. Cuando se dio la vuelta para marcharse, le dije que se veía hermosa...y era cierto, y lo es.

Créale a su marido cuando le dice que es hermosa, porque él es realmente el único que cuenta. Solo no lo dé por garantizado. Haga el esfuerzo a fin de lucir atractiva para él y cuide de su apariencia. También, al igual que les he sugerido a los hombres, deje que su esposo participe en la selección de su perfume.

¿Qué sucede con las distracciones?

Mientras he conversado con las parejas sobre su relación sexual a lo largo de los años, me he dado cuenta de que la mayoría de nosotros tenemos la misma lucha o alguna similar. Cuando Nancy y yo nos casamos, tenía muy altas expectativas en cuanto a nuestra relación sexual. Supongo que pensé que los cohetes se dispararían cada vez que hacíamos el amor y que tendríamos relaciones sexuales con mucha frecuencia. En teoría, eso parecía muy bueno para mí. En realidad, se necesita hacer un gran esfuerzo para impedir que los cohetes se apaguen.

En los primeros años de nuestro matrimonio, creo que la mayoría de nuestras relaciones sexuales estaban impulsadas por las hormonas...y las mías contribuyeron mucho a ese impulso. Si alguien me hubiera preguntado acerca de nuestra relación sexual en esa etapa del matrimonio, mi respuesta hubiera sido que era genial. Tuvimos cinco años para trabajar en eso antes de tener hijos. Hubo muchas cosas buenas con respecto a ese tiempo y, como he escrito anteriormente, una gran cantidad de luchas también, pero creo que ambos estaríamos de acuerdo en que la relación sexual era buena. Aparte de las peleas, no había ninguna otra distracción que la dificultara. Teníamos el tiempo, el lugar y la energía sexual. Disfrutábamos la novedad, y estábamos explorando muchas cosas.

Si usted me pregunta acerca de nuestra relación sexual hoy, le diría que es genial, y estoy seguro de que Nancy estaría de acuerdo. Sin embargo, cuando la comparo con lo "genial" de nuestros primeros años, hay un montón de diferencias. Pienso que hoy entendemos la parte *dod* de la relación sexual mucho mejor. Siempre hemos hecho un buen trabajo en la parte física, pero Dios nos ha permitido desarrollarnos en la parte espiritual. Esta no existía al principio. Tal vez se plantaron las semillas, pero creo que se cultivaron en los últimos años.

Hay un sentido de crecimiento y madurez que viene con la fusión de las almas. Al mirar hacia atrás, veo que esa área de nuestro matrimonio tenía ventajas y desventajas. Algunas veces era buena y algunas veces estaba solo allí. A medida que nuestro amor por el otro continuó creciendo, el sexo no fue más solo un acto físico que disfrutábamos, sino también una profunda conexión con nuestra alma gemela que es difícil de describir con palabras. Nuestra experiencia es la siguiente: el sexo es mejor cada año. Si están dispuestos a trabajar en ello, creo que esto puede ser cierto para todas las parejas casadas.

Hay muchas distracciones en el matrimonio, y muchas de ellas afectarán a la relación sexual. Ciertamente, el trabajo es un factor. En nuestra cultura actual, en la mayoría de las parejas ambos trabajan, al menos en alguna medida. El trabajo puede añadir tensión a nuestras vidas, incluso si tenemos uno que nos encanta. El trabajo nos puede dejar cansados y con poca energía una vez que llegamos a casa. Así que ahora tenemos esta imagen de una pareja que regresa de una luna de miel increíble y seis meses más tarde apenas puede recordar lo que significa el "buen sexo". Los efectos secundarios del trabajo han dejado su huella en la vida sexual matrimonial.

No solo el trabajo constituye una distracción para la relación sexual, sino también los niños pueden hacer lo mismo. La mayoría de las parejas quieren tener hijos. Gran idea. Gran bendición. Gran distracción. Los niños requieren tiempo y energía. ¿Valen la pena? Absolutamente. Pero no a expensas del matrimonio y la relación sexual. Con demasiada frecuencia escucho la historia que se cuenta de una pareja que tenía un matrimonio increíble con una gran vida sexual, y luego tuvieron dos hijos en tres años y ahora no se conectan en absoluto. En realidad, si las cosas no cambian, van a ser una estadística de divorcio en un par de años.

Eric y Amanda participaron en mi curso de preparación para el matrimonio y asistían a la misma iglesia que nosotros. Ellos se casaron y tuvieron una luna de miel increíble. Esta fue un regalo del abuelo de Amanda. Dos semanas en una isla del Pacífico en un centro turístico de lujo, con todos los gastos cubiertos. Resultó increíble y cada minuto de ella les encantó. Se quedaban despiertos hasta tarde y dormían en las mañana. Comían cuando tenían hambre y permanecían durante horas en la playa cada día. Se conectaron como nunca antes. Su relación sexual era fantástica, y disfrutaron de la libertad que el matrimonio les dio.

Antes de irse de luna de miel, uno de los padrinos de boda de Eric le dijo que si se aburría lo llamara, y que él volaría hasta allá para jugar un poco de golf con él. Eric nunca se aburrió, y la idea de su amigo y el golf nunca se cruzó por su mente. El vuelo de regreso a casa estuvo lleno de emociones encontradas. Estaban felices, pero también tristes de ver que la luna de miel llegaba a su fin. Se comprometieron entre sí a mantener vivos esos sentimientos, pero pronto descubrieron que la vida se interpuso en el camino.

Una de las muchas cosas que hicieron que Eric y Amanda se sintieran atraídos el uno por el otro fue su pasión por su trabajo. Los dos ocupaban puestos de trabajo que amaban, y ambos estaban prosperando en sus empresas. Cada uno de ellos celebraba los logros del otro y estaban orgullosos de todo lo que habían hecho. Una de las cosas que les recalqué antes del matrimonio fue la importancia de seguir apartando un tiempo el uno para el otro a diario una vez que se casaran. Me encontraba con ellos casi todas las semanas en la iglesia, y se les veía muy bien y me contaban todo lo que estaban haciendo para construir un gran matrimonio. No suelo ver a menudo a una pareja atravesar como ellos ese primer año de matrimonio, así que siempre estaba ansioso por tener noticias de Eric y Amanda.

Fue probablemente alrededor de dos meses después de su primer aniversario que me percaté de que no los había visto en la iglesia durante unas pocas semanas. No pensé mucho al respecto. Podrían haber ido a un servicio diferente, o tal vez simplemente no me había tropezado con ellos. Finalmente, fueron de nuevo y nos dieron la noticia de que Amanda estaba embarazada y las primeras semanas habían sido difíciles para ella. El embarazo continuó presentando bastante dificultad, y su primer bebé nació prematuro por unas pocas semanas, pero con un buen pronóstico. Amanda tardó bastante tiempo en recuperarse, pero tenía la ayuda de su madre y de la madre de Eric. Al cabo de tres meses, estaba de vuelta a tiempo completo en el trabajo y la vida continuó para ellos.

Cuatro años más tarde, Eric y Amanda se sentaron en mi oficina. Tenían un niño de cuatro años de edad, otro de tres años y uno de seis meses, y se odiaban el uno al otro. Mientras hablaban, me di cuenta de que nunca se habían recuperado después de su primer hijo. Un montón de estrés de los empleos de ambos, un bebé que tuvo un primer año difícil, un embarazo que no estaba previsto, y ahora un tercer hijo que habían acordado tener. Los niños consumieron todo su tiempo y energía, y ellos no habían invertido en su matrimonio

Cada vez que algo surge, tenemos la opción de decidir cómo vamos a manejarlo. Podemos trabajar juntos o por separado. Podemos ser el abogado o el adversario el uno del otro.

desde hacía largo tiempo. La vida, literalmente, se los había tragado y escupido, y no se agradaban el uno al otro en absoluto.

¿Que pasó? Eric y Amanda tomaron decisiones que perjudicaron su matrimonio. Durante el primer embarazo, Eric tuvo una opción. Había un nuevo proyecto en su trabajo que le ofrecieron. Él habló de ello con Amanda. Ella se mostró vacilante. Estaba embarazada y enferma, y lo necesitaba a su lado. Este proyecto sumaría horas laborales a su semana e implicaría hacer algunos viajes. Eric eligió el proyecto, y Amanda se sintió abandonada en la primera ocasión que sentía que realmente lo necesitaba en su matrimonio. Amanda no estaba lista para volver a trabajar después de tres meses de descanso, pero también lo hizo por una serie de razones equivocadas. Su resentimiento hacia Eric estaba fomentándose.

Luego vino el embarazo inesperado, a pesar de que Eric usaba protección y Amanda había vuelto a tomar la píldora. El segundo embarazo de Amanda fue sorprendentemente mucho mejor que el primero, pero eso no causó ningún cambio en su matrimonio. Después del nacimiento del segundo bebé, ellos hicieron el compromiso mutuo de intentar reencaminar su matrimonio. Fue una gran idea, pero nunca la pusieron en práctica. Amanda convenció a Eric de tener el tercer hijo. En su mente, tal vez esto podría cambiar las cosas. No fue así y ahora se encontraban sentados en mi oficina, donde deberían haber estado cuatro años antes.

Muchos pueden identificarse con Amanda y Eric. Una gran cantidad de parejas tienen lunas de miel extraordinarias, y eso es bueno, pero la vida no es una luna de miel.

La vida tiene una manera de empañar nuestros matrimonios felices. La mayor parte de nosotros se enfrenta al nacimiento de los niños, el estrés del trabajo y la enfermedad en nuestro matrimonio. Cada vez que algo surge, tenemos la opción de decidir cómo vamos a manejarlo. Podemos trabajar juntos o por separado. Podemos ser el abogado o el adversario el uno del otro. Podemos buscar juntos una solución o complicar el problema.

La elección es nuestra. Eric y Amanda entraron en el matrimonio con un fuerte vínculo que los mantenía unidos, el cual permitieron que se deshiciera por completo durante un período de cinco años. No manejar sus distracciones adecuadamente los llevó hasta el punto del divorcio. Si las distracciones son un hecho, ¿cómo las manejamos en el matrimonio? Nancy y yo estamos de acuerdo en que la mayor bendición que Dios nos ha dado en nuestro matrimonio son nuestros hijos, y ellos también han sido la mayor distracción. Hicimos algunas cosas bien. Constantemente buscamos tiempo para estar juntos cada día e incorporamos salidas semanales a nuestro calendario. Sin embargo, a pesar de todo lo que estábamos haciendo que era correcto, aun así tuvimos una desconexión, y fue totalmente mi culpa. Diferimos en algunos aspectos de la crianza de nuestros hijos, y debido a que pensé que tenía razón, no estaba dispuesto a ceder. Esto no solo causó una gran desconexión en nuestro matrimonio, sino también les envió un mensaje confuso a nuestros hijos.

Me tomó mucho tiempo (diría que demasiado) llegar a un acuerdo y estar en el mismo equipo de Nancy mientras criábamos a nuestros hijos. Sabía que estaba siendo obstinado, pero dejé que mi orgullo se llevara lo mejor de mí. Una vez que entré en razón, creo que recuperamos un poco del terreno perdido, pero no había dudas de que el daño estaba hecho.

Ha habido otras distracciones. Algunas han sido grandes y algunas pequeñas. Creo que es rara la vez que pasa un día sin que tengamos la oportunidad de distraernos de nuestro matrimonio. La clave está en cómo manejamos las distracciones. Siempre tómese el tiempo para hacerse esta pregunta: "¿Cómo afectará esto a mi matrimonio?". ¿Tiene alguna idea de cuánto mejor serían nuestros matrimonios si nos detuviéramos un momento a hacernos esta simple pregunta y pensáramos en la respuesta? Si tengo una nueva responsabilidad en el trabajo, ¿cómo afectará esto mi matrimonio? Si juego en ese equipo de fútbol, ¿cómo afectará mi matrimonio? Si tomo una determinada decisión sin hablar con mi cónyuge, ¿cómo afectará mi matrimonio?

Usted capta la idea. No permita que nada lo distraiga de su matrimonio. Recuerde, Dios primero, su cónyuge segundo.

Un nuevo tipo de preludio sexual

Vamos a terminar este capítulo examinando esta idea. ¿Qué tal si consideramos los juegos previos exitosos como algo que dura veinticuatro horas cada día? ¿Un trato 24/7? El juego previo y la intimidad que quiero considerar aquí no es abiertamente sexual en naturaleza, pero tiene fuertes connotaciones sexuales. Creo que el buen sexo se logra mediante un estilo de vida matrimonial que esté constantemente enfocándose en los juegos previos y la intimidad.

¿Está confundido? Eso está bien, porque esta es una forma de pensar sobre el sexo un poco diferente. Permítame darle un ejemplo.

Nancy supervisa el funcionamiento de nuestra casa, especialmente lo de adentro. Si algo se daña, ella llama al técnico. Es muy buena en eso, y al trabajar en bienes raíces por lo general conoce a las mejores personas a las que llamar. Hay cosas en la casa que Nancy quiere hacer. La mayoría de ellas implican limpiar algo de la manera en que quiere que se limpie. No hay problema. Lo que no le gusta hacer por sí misma es arreglar las camas. Así que si yo soy proactivo y me ofrezco a ayudarla o, incluso mejor, arreglo las camas por ella, eso constituye un juego previo. No es sexual en absoluto, pero demuestra amor, cuidado y preocupación; y eso la hace sentir amada, y mientras más amada se siente, más se acerca a mí. Si estoy constantemente todos los días consciente de las cosas que puedo hacer para lograr que su día sea más fácil, eso es juego previo y construye la intimidad.

¿Sabe usted qué más sucede? Mientras más hago por ella, más ella hace por mí. ¡No es que necesite el juego previo!

Les he dicho a las parejas desde hace años que en la mayoría de los casos si uno hace las cosas que muestran amor y preocupación por su cónyuge las otras veintitrés o más horas del día, la relación sexual se encargará de sí misma. El mejor órgano sexual para una mujer es a menudo su mente. Mientras que la mayoría de los hombres piensan en el sexo con sus esposas a menudo, la mayoría de las mujeres hacen una elección consciente de pensar en las relaciones sexuales. Esta es precisamente una de esas diferencias que muchas parejas experimentan. Así que hombres, respondan esta pregunta.

¿Cree que será más fácil para ella hacer esa elección si usted ha estado atento a sus necesidades? Noventa y nueve por ciento de las veces la respuesta será sí. ¿Qué sucede con las peleas? ¿Cómo encajan en este concepto del preludio sexual? La respuesta es fácil; no lo hacen. En realidad, ellas pueden restarle a un matrimonio el valor de una semana de juegos previos.

He aconsejado a mujeres que me dicen que han tenido grandes peleas con sus esposos, las cuales han incluido gritos, chillidos, maldiciones e insultos. Entonces, no treinta minutos más tarde, su marido quiere tener relaciones sexuales y no puede entender por qué ella no está interesada. Parte de eso se debe a las diferencias en nuestro diseño y otra parte a las películas.

¿Cuán a menudo vemos a una pareja pelear y luego de inmediato abrazarse en un arrebato de pasión? El trabajo de Hollywood es vender películas, no darnos una imagen precisa del diseño masculino/femenino. Ellos parecen hacer un buen trabajo en lo que respecta a ser constantemente inexactos. La conclusión es que las peleas, y sobre todo las peleas grandes, no tienen nada que ver con los juegos previos y la intimidad.

Si las peleas se están interponiendo en el camino de su intimidad, vuelva hacia atrás un secreto o dos y revise. Esperaremos aquí por usted.

Su turno

Piense en ello de esta manera. El preludio sexual y la intimidad en su matrimonio necesitan ser un estilo de vida.

¿Qué tal si usted pone constantemente las necesidades de su cónyuge por encima de las suyas? ¿Qué tal si hace todo lo posible para que su día sea más fácil? ¿Qué tal si aparta un poco de tiempo de su jornada de trabajo para mandarle un mensaje de texto diciéndole "Te amo" a su cónyuge? ¿Qué tal si planea una salida para los dos?

Si usted vive constantemente de esta manera, su vida sexual matrimonial será mejor. Incluso puede ser mucho mejor. El único problema que veo es si su único

Dod es como el pegamento de las relaciones sexuales. Nos une a un nivel profundo y nunca nos permite separarnos.

propósito al hacer todas estas cosas es tener más relaciones sexuales. Si no se trata de un cambio de estilo de vida y su corazón no cambia, no va a funcionar. Bueno, puede funcionar por un poco de tiempo, pero no va a durar. Confíe en mí, las esposas están al tanto de todo.

Es sorprendente cómo un acto tan simple como las relaciones sexuales puede llegar a ser tan complicado. Los animales tienen relaciones sexuales y parece que no tienen los problemas que nosotros experimentamos, pero los animales no tienen alma. Para un animal, el acto sexual es tan bueno como puede ser. Para muchas personas el acto sexual es tan bueno como puede ser, pero para los cristianos existe la posibilidad de *dod*. *Dod* es diferente.

Dod es como el pegamento de las relaciones sexuales. Nos une a un nivel profundo y nunca nos permite separarnos. Es el cuerpo, la mente y el alma de un esposo unidos con el cuerpo, la mente y el alma de su esposa de una manera que las palabras no pueden expresar, pero el esposo y la esposa lo saben. Ambos lo experimentan. Es posible que no sean capaces de describírselo a los demás, pero pueden mirarse el uno al otro y saber que lo han experimentado juntos.

Mi reto para usted es que no acepte nada menos que esto en su matrimonio. Su relación sexual puede necesitar algo de trabajo. El primer paso probablemente no lo va a dar en el dormitorio. El primer paso tiene que ver con las otras veintitrés horas o más del día.

> ## *Pregúntese:*
> ¿Cómo se trata el uno al otro? ¿Cómo se hablan entre sí? ¿Antepone usted las necesidades de su cónyuge a las propias?

Lleven a cabo el juego previo 24/7. Que este sea su estilo de vida. Luego, pueden trabajar en la parte del dormitorio. Hablen de lo que les gusta y no les gusta. Sean aventureros. Dios nos ha dado mucho para disfrutar en el cuerpo del otro. Sepa que Dios le ha dado la relación sexual en su matrimonio como un regalo. ¡Disfrútela y esté listo para los cohetes!

LUCHA

El poder de luchar juntos en el mismo equipo

Cuando alguien dice: "Sí, acepto" para toda la vida, es fácil suponer que a partir de ese momento esa persona permanecerá a su lado. La difícil tarea de búsqueda ha terminado, ¿cierto? Ahora que su cónyuge ya lleva un anillo en el dedo, usted no tiene que luchar más por su corazón.

Estoy aquí para decirle que eso no es así. Los mejores matrimonios enfrentan una gran cantidad de luchas... pero es luchar *juntos* lo que resulta determinante.

Podemos hacer un buen trabajo en cuanto a las peleas en nuestro matrimonio, pero esto es totalmente diferente. Luchar por su matrimonio significa que los dos están en el mismo equipo. Ambos permanecen uno al lado del otro y prometen juntos que no van a permitir nunca que nada los separe. Esa es una lucha vale la pena tener.

Si está casado, piense en los días previos a su boda. Para la mayoría de nosotros ese era un momento de gran expectación. Nos sentíamos emocionadas en cuanto a estar casados. Estábamos enamorados y sabíamos que nuestro matrimonio sería diferente. Íbamos a ser los que arruinaran las estadísticas. Nuestro matrimonio sería la historia de amor que se transmitiría en nuestra familia para las generaciones por venir. Casi no podíamos esperar para iniciar nuestra vida juntos. Creo que la mayoría de nosotros nos identificamos al menos en parte con ese escenario.

Nunca he escuchado a ninguna de las parejas que he casado a lo largo de los años pronunciar estas palabras mientras se acercaban a su matrimonio: "Vamos a intentarlo a ver si funciona" o "Si ella se convierte en lo que yo quiero que sea vamos a estar bien" o "Una vez que consiga que él cambie lo lograremos". No. Esas no son las cosas que decimos el día de nuestra boda, sin embargo, ¿cuántas personas expresan algo similar cuando llegan a su matrimonio? Si tenemos en cuenta las estadísticas sobre el divorcio, más de la mitad de nosotros.

¿Cómo podemos pasar del "Sí, acepto" al "No quiero"? ¿Cómo es que algunos de nosotros experimentan este cambio en solo unas pocas semanas o meses? Honestamente, creo que no importa que el "no quiero" aparezca en un matrimonio. Solo me incomodo cuando aparece antes de tiempo. Me molesta que una pareja se rinda incluso antes de empezar. ¿Qué estaban pensando antes de entrar en el matrimonio? ¿Cuáles eran sus expectativas? ¿Por qué es aparentemente tan fácil alejarse de algo que una vez quisieron tanto?

Conocí a Cheryl y Jack en la consejería prematrimonial. Habían estado casados hacía un poco más de un año cuando Cheryl me llamó. Ella quería que la conversación fuera breve; me dijo que estaba dejando a Jack y que solo pensaba que yo necesitaba saberlo. Me resultó difícil escuchar sus palabras. Nunca pensé que recibiría una llamada de cualquiera de ellos. Le pedí a Cheryl que viniera a mi oficina para hablar. Aunque se mostró reticente al principio, finalmente accedió. A medida que hablaba, desafortunadamente, escuché una historia familiar.

Volvamos atrás un poco más de un año y démosle un vistazo a las circunstancias que llevaron a Cheryl a querer terminar su matrimonio. A veces, cuando enseño una clase de preparación para el matrimonio, una pareja puede querer verme fuera de clase para algunas sesiones de consejería. A menudo, esto se debe a algo que surgió en la clase que a ellos les gustaría profundizar. Me encanta hacer esto con las parejas y me alienta que den otro paso de manera proactiva antes de dar el gran paso.

Jack y Cheryl eran diferentes. Querían un asesoramiento con el fin de garantizar en mayor medida el éxito de su futuro matrimonio. Ambos estaban casi al final de sus veintitantos y este sería el primer matrimonio para cada uno de ellos.

Jack era brillante y agradable. En la escuela secundaria fue una estrella del fútbol, así como el mejor estudiante de su clase. Recibió algunas ofertas para jugar a la pelota en la universidad, pero él en cambio optó por enfocarse en sus estudios y prepararse para la escuela de medicina. Esto resultó ser una buena elección y las puertas de las oportunidades se mantuvieron abiertas para él. Había terminado su residencia médica y estaba entrando en un programa de especialización de un año.

Cheryl también había sido atleta en la escuela secundaria, conduciendo a su equipo al campeonato de fútbol del estado en su último año. Ella también recibió ofertas para continuar su carrera como futbolista en la universidad y decidió que era la dirección que tomaría. Asistió a una universidad grande con un gran programa de fútbol femenino y de mucha tradición. Permaneció en el banquillo la mayor parte de su primer año, pero en su segundo año tuvo mucho más tiempo de juego. A mitad de su temporada como estudiante de tercer año Cheryl sufrió una lesión que le puso fin a su carrera de fútbol para siempre. Este fue un golpe devastador que destruyó una gran cantidad de sus sueños. Ella se describe a sí misma durante el resto de ese año como alguien que solo estaba "viviendo de forma mecánica y sin interés".

Durante el verano, pasó tiempo hablando con varias personas que respetaba. Quería saber qué pensaba la gente de ella y conseguir un sentido de dirección para su futuro. El resultado fue la determinación de asistir a la escuela para convertirse en asistente médico. Eso le parecía bueno, y a pesar de que tendría que tomar algunas clases antes de matricularse, lo quería hacer. Académicamente, Cheryl había sido siempre una buena estudiante y las tareas del curso nunca fueron un problema.

Mientras estaba en el campus de la escuela de medicina, conoció a Jack. No fue amor a primera vista, pero definitivamente hubo una atracción desde el principio. Tenían amigos en común y pasaron los primeros días luego de conocerse simplemente pasando el tiempo juntos. El tiempo pasó y su relación creció; por último, delante de todos sus amigos, Jack le preguntó a Cheryl si quería ser su esposa.

Habían estado comprometidos por cerca de tres meses cuando asistieron a mi clase, y fue a mediados del curso que me pidieron reunirse conmigo en privado. Cuando me contaron sus historias, les pregunté lo que esperaban lograr a través de la consejería. Su respuesta fue la misma. Querían hacer todo lo posible para que su matrimonio funcionara, sobre todo porque cada uno había crecido en un hogar roto.

Me gustaría poder decir que fue obvio para mí lo que sucedería con Jack y Cheryl, pero no fue así. Hablamos de cómo sería el primer año de matrimonio mientras Jack terminaba su programa de especialización y Cheryl continuaba trabajando como asistente médico. Hice hincapié en la importancia de separar un tiempo para estar juntos y les dije que no podían esperar todo un año para comenzar a edificar su matrimonio. Ellos parecían haberme entendido y se comprometieron a hacer de esto siempre una prioridad. Nos reunimos tres veces. Ellos completaron la clase y se casaron poco después de que terminara.

El programa de especialización de Jack había sido intenso y le ocupaba muchas horas cada día. Lo hicieron bien los primeros tres o cuatro meses, pero luego no fueron tan constantes en lo que concernía a su tiempo juntos. La oficina en la que Cheryl trabajaba estaba expandiéndose y durante ese tiempo sufrió escasez de personal. Debido a que Jack estaba tan ocupado, ella optó por trabajar más horas hasta que pudieran contratar a otro asistente médico.

En la última parte del programa una joven médico que cursaba un año inferior al de Jack cuando estaban en la escuela de medicina se unió al programa. Ella era brillante y atractiva, y Jack parecía no estar tan ansioso por llegar a casa como lo había estado en el pasado.

Por lo que Cheryl sabía, Jack y la nueva médico no habían tenido intimidad, pero ella sentía que él se estaba alejando emocionalmente. Eso le dio miedo, ya que había visto sucederle lo mismo a su madre.

Cheryl estaba decidida a no repetir los errores de su mamá, quien permaneció en el matrimonio y trató de hacer que funcionara solo para terminar en un divorcio. Ella no dejaría que Jack la lastimara más de lo que lo había hecho hasta ahora.

Esta fue la segunda ocasión en su vida que los sueños de Cheryl se hicieron añicos, la primera vez con el fútbol y ahora con Jack. Le pregunté a Cheryl si creía que Jack hablaría conmigo, y ella pensó que sí lo haría. Después de un par de intentos, Jack contestó mi llamada y aceptó venir a mi oficina.

Un Jack diferente se sentó en mi sofá. La confianza en sí mismo había desaparecido, siendo reemplazada por la tristeza. La historia que me contó se asemejaba a la que Cheryl me contara una semana antes. Me dijo que nunca fue íntimo con la doctora que estaba en el programa con él, pero se sentían conectados emocionalmente. A medida que el trabajo de Cheryl se volvió más exigente, Jack comenzó a pasar mucho más tiempo con su colega. Ellos no solo trabajaban juntos, sino que con frecuencia también iban a almorzar, cenar, o a hacer ambas cosas juntos. Él sabía que eso no estaba bien, sin embargo, no hizo nada para detenerlo. Ahora Cheryl quería dejarlo y le dijo en repetidas ocasiones que se marcharía, y lo hizo. El día que cumplieron dieciocho meses de haberse casado, Jack y Cheryl se divorciaron oficialmente.

Para mí, este fue un caso difícil. En primer lugar, ambos me agradaban y sabía que habían trabajado duro para evitar que esto sucediera cuando se preparaban para el matrimonio. A pesar de que habían estado determinados a romper el ciclo de divorcio en sus familias, su matrimonio no sobrevivió.

En segundo lugar, me cuestioné. ¿En qué fallé? ¿Podría haberlos ayudado a impedir que esto sucediera? Muchas preguntas, pocas respuestas. La situación que Jack y Cheryl enfrentaron fue similar a las situaciones que enfrentan muchas parejas. Ellas se preparan para el matrimonio y tienen grandes esperanzas de éxito, y entonces una elección pone todo patas arriba.

Jack repitió las historias de sus familiares. Él hizo lo mismo que su padre le hizo a su madre y el padre de Cheryl le hiciera también a su esposa. Jack dio un paso hacia otra mujer cuando debería haberse acercado a Cheryl. En vez de buscar a su esposa y decirle: "Siento como si nos estuviéramos distanciando y estoy teniendo sentimientos de vulnerabilidad que me asustan", Jack no le dijo nada y continuó alejándose. Él tuvo la oportunidad de luchar por su matrimonio, pero no lo hizo, y ahora se había terminado.

Me comentó todo lo que haría de manera diferente si pudiera tener una segunda oportunidad. Luchar por su matrimonio significa hacer todas esas cosas la primera vez. A menudo, la segunda vez es demasiado tarde. Así fue para Jack.

A pesar de que Jack dio pasos que conducirían con el tiempo al final de su matrimonio, Cheryl no estaba dispuesta a luchar por su relación. El riesgo de ser herida era demasiado grande para ella. Le hablé acerca de la esperanza y de lo que yo sabía que Dios podía hacer si ella y Jack le daban una oportunidad. La oportunidad le daba miedo, y sus experiencias de vida le decían que los sueños rotos estaban rotos para siempre. Pienso que quería creer que Dios podía arreglar este desastre, pero esa era una montaña que no estaba dispuesta a escalar. Así que eligió no luchar por su matrimonio.

Antes he definido el acto de luchar por su matrimonio como estar en el mismo equipo y no dejar que nada se interponga entre los dos. Jack y Cheryl comenzaron su matrimonio en el mismo equipo. Fueron conscientes de algunos de los obstáculos que enfrentarían y obviaron otros. El trabajo comenzó a separarlos, y ellos lo permitieron. Nadie dijo: "Tenemos un problema aquí". Nadie dijo: "Estamos dejando de ser un equipo para convertirnos en dos". Nadie dijo: "Estamos caminando por un terreno traicionero". Nadie dijo nada.

Si usted fuera Jack o Cheryl, ¿qué hubiera hecho? ¿Qué haría si algo estuviera interponiéndose entre usted y su cónyuge? ¿Lucharía por su matrimonio o simplemente seguiría adelante? Las decisiones que tomemos en estas situaciones le darán vida o muerte a nuestro matrimonio. Nunca olvide que usted tiene una elección.

El matrimonio que gana unido

Tal vez he hecho algunos supuestos al hablar con usted acerca de luchar por su matrimonio. Tal vez no considera que el matrimonio sea algo por lo que vale la pena luchar. Después de todo, siempre se puede encontrar a otra persona con la que casarse. Luchar por su matrimonio requiere mucho esfuerzo, y es posible que no quiera trabajar así de duro. A partir de las estadísticas de divorcio, parece que más de la mitad de las parejas que se casan llegan a esa conclusión. El matrimonio es como jugar en una máquina tragamonedas. De vez en cuando a alguien le toca el premio gordo, pero la mayoría de nosotros permanece allí un rato, invierte un poco de tiempo y dinero, y luego sigue adelante. No obstante, ¿qué tal si todo matrimonio se sacara el premio mayor? ¿Cree usted que esto es una posibilidad? Yo sí. Realmente lo creo. Veo parejas que permanecen juntas sin importar qué. Es como si estuvieran adheridas la una a la otra. La vida puede golpearlos con fuerza, incluso derribarlos, pero ellos permanecen juntos, enfrentan los golpes juntos y se levantan juntos de nuevo. Esto es a la vez una convicción y un modo de pensar. No hay un plan B. Y cuando no hay un plan B, usted planea luchar con más fuerza.

Siendo un ejemplo brillante de triunfar juntos, Justin y Heather acaban de celebrar los veinticinco años de matrimonio. Ese es un increíble logro hoy. Me encanta esta pareja y valoro su amistad.

En su fiesta de celebración escuché una serie de comentarios: "Ellos tienen el matrimonio perfecto". "Ellos han tenido una vida muy fácil juntos". "Sus hijos son una bendición para ellos". Eran buenos comentarios, pero tales conclusiones simplistas me hicieron querer gritar.

¿Por qué cuando vemos a una pareja feliz suponemos que han disfrutado una vida perfecta, sin tener que hacerle frente a cualquier dificultad? Este tipo de unión no se limita a surgir...se logra con mucho esfuerzo. En realidad, nunca he conocido a una pareja con un buen matrimonio que no haya pasado por tiempos difíciles. La diferencia está en que algunas parejas atraviesan las dificultades unidas por completo, y otras van a través de ellas tomando caminos separados. En otras palabras, algunas personas luchan por su matrimonio y otras no.

Justin y Heather se habían casado cuando Justin tenía veinte años, Heather tenía diecinueve, y su hija tenía uno. Justin estaba en su primer semestre en la universidad y Heather en el último año de la secundaria cuando ella lo llamó para decirle que estaba embarazada. El mundo despreocupado y feliz de Justin se puso patas arriba con una llamada telefónica. Sus primeros pensamientos fueron para él. ¿Qué van a pensar mis padres? ¿Cómo podré mantener a una familia? ¿Cuánto cuesta un aborto?

Heather, por otra parte solo estaba asustada. Su padre era duro con ella como su única hija y le había advertido en repetidas ocasiones lo que haría si alguna vez tenía relaciones sexuales antes del matrimonio. ¿Cómo actuaría él ahora si descubría que estaba embarazada?

Justin pasó a recoger a Heather y se fueron a un lugar solitario para hablar. Heather lloró durante casi dos horas. Justin era el chico que siempre tenía una respuesta, pero hoy no tenía ninguna. No era una elección fácil, pero decidieron recurrir al aborto. Justin trabajaba a tiempo parcial y estaba ahorrando dinero extra para sus gastos universitarios. Él podría utilizar esos fondos y pagar al médico o la clínica, o lo que fuera.

Heather aceptó de mala gana. Ella odiaba la idea del aborto, pero no vio ningún otro camino para ellos. Concertaron una cita para el siguiente sábado por la mañana. Heather se lo confió a una amiga y pasaría la tarde y la noche con ella.

Justin la pasó a recoger a la mañana siguiente y los padres de Heather pensaron que solo iban a pasar el día juntos. Ellos permanecieron sentados en la sala de recepción del médico sin que ninguno se atreviera a hablar. Fue cuando la enfermera mencionó el nombre de Heather que Justin la agarró por la mano y la miró a los ojos. "Heather, si no quieres hacer esto, ya veremos cómo saldremos adelante. No tengo respuestas, pero voy a estar contigo a cada paso". Apenas habían hablado de matrimonio y Justin ya estaba luchando por ella.

Nicole nació unos ocho meses más tarde. Justin estaba al lado de Heather mientras sus padres esperaban afuera en el pasillo. Ellos habían hablado de matrimonio, pero decidieron dar un paso a la vez. No quería precipitarse y terminar odiándose y divorciados. Heather abandonó el hospital con Nicole y fue a vivir con sus padres. Justin continuó en la escuela, cambió su empleo a tiempo parcial por uno a tiempo completo, y pasó tanto tiempo con Heather y Nicole como pudo.

Durante ese año su relación creció al aprender a poner a Dios primero. Estaban criando bien a su hija juntos, y el amor entre ellos aumentaba casi a diario. Justin hizo la pregunta, y se casaron unos meses más tarde. La mayoría de la gente no saca la cuenta, y yo era uno de los pocos en la fiesta del vigésimo quinto aniversario que conocía la historia.

Un segundo hijo nació tres años más tarde, un niño al que llamaron Samuel. El bebé fue prematuro y pasó los primeros tres meses de su vida en la unidad de cuidados intensivos neonatales. Fue como viajar en una montaña rusa. Un día recibían noticias alentadoras y al siguiente las cosas podrían cambiar. Ambos se encontraban en la unidad el día que el corazón de Samuel dejó de latir. Permanecieron parados allí impotentes, mientras observaban a los médicos y enfermeras esforzarse por traerlo de regreso. Samuel sobrevivió a ese susto, y milagrosamente las pruebas no indicaron ningún daño cerebral en absoluto.

A través de esos tres meses de caos emocional, Justin y Heather se mantuvieron juntos. Una de las enfermeras les habló al principio de cómo esta situación podría afectar su matrimonio. Ella lo había visto ocurrir una y otra vez. Justin y Heather estaban decididos a luchar juntos para salir de todo esto, y lo hicieron.

Justin tenía un empleo ideal. Heather era ahora una mamá que permanecía en casa, y los niños tenían seis y diez años. La vida era buena hasta que la compañía para la que Justin trabajaba perdió un gran contrato. Él sabía que probablemente habría recortes de personal, pero nunca pensó que estaría incluido en ellos. El paquete de indemnización les daba un respiro de noventa días. Seguramente encontraría un trabajo antes de que el dinero se acabara.

Eso no sucedió, y nueve meses de desempleos causaron cambios drásticos en su vida. La nueva casa que construyeron y en la que habían vivido durante dos años era ahora de otra persona. Nicole y Samuel dejaron de ir a la escuela privada. Heather nunca terminó la universidad, pero buscó un empleo en el que pudiera trabajar mientras los niños estaban en la escuela. La paga no era mucha, pero ayudaba. Justin estaba deprimido y cada día era una lucha. Él escuchó la palabra "no" más veces de las que jamás esperó oír. Transcurrieron once meses completos antes de que Justin consiguiera un trabajo. Era un buen empleo, y poco a poco comenzaron a reconstruir sus vidas financieras.

Desde el día en que Justin recibió el aviso de que iba a perder su puesto de trabajo hasta el día en que empezó en su nuevo trabajo, Heather nunca le dijo una palabra negativa. Lo que enfrentaban no era solo una lucha de Justin. Era una lucha de ambos, y la enfrentaron juntos. Durante un tiempo de crisis, en el que muchos matrimonios se arruinan, ellos crecieron. Justin había establecido el precedente años antes cuando Heather estaba embarazada, y Heather lo continuó cuando llegó el momento.

En los próximos años enfrentaron pruebas, pero nada que igualara la magnitud de lo ocurrido con Samuel y la pérdida del empleo. Hubo algunas dificultades con la familia extendida, algunos problemas financieros y las luchas normales con la crianza de dos niños. No importaba lo que Justin y Heather enfrentaran, su plan era el mismo. Lo enfrentaban juntos. No hubo dedo acusador o reproches. Había solo un equipo, y ambos lo conformaban. Ellos identificaban el problema, buscaban la guía de Dios y comenzaban a luchar juntos.

¿Y sabe de qué se dieron cuenta? Esto es algo importante y no quiero que se lo pierda. Aquí está: *se dieron cuenta de que no importaba cuál fuera el resultado, cuando luchaban juntos, su matrimonio siempre ganaba.*

¿No es impresionante? ¿No es increíble? Ese es otro secreto. El principio que descubrieron es universal. Esto significa que lo que funcionó para ellos funcionará para usted. Si usted y su cónyuge se unen y luchan juntos, su matrimonio siempre va a ganar. ¡Siempre!

Luche por su matrimonio a la manera de Dios

Tengo una lista de razones por las que creo que vale la pena luchar por el matrimonio. Por supuesto, es mi lista y un resultado de las experiencias de vida de mi matrimonio, pero tal vez algunos de los puntos se ajuste a usted.

He leído un montón de artículos que reflejan la forma en que nuestra cultura considera al matrimonio. Un artículo reciente hablaba de las ventajas de las parejas que simplemente viven juntas y nunca se casan. Ellos entrevistaron a parejas que llevaban este estilo de vida y todas eran perfectamente felices. Otros artículos animan a los que están casados y tristes a separarse. A no perder el tiempo en algo que los está haciendo infelices. Si usted tiene una postura no tradicional sobre el matrimonio, es probable que haya al menos un artículo por ahí que lo apoye.

Mi problema con la mayoría de estos artículos es que no hablan del lado negativo de estas opciones. Las estadísticas sobre la convivencia no son muy buenas. De acuerdo con el *Journal of Marriage and the Family* [Diario del matrimonio y la familia], las parejas que cohabitan tienen una tasa de divorcio que es cincuenta por ciento más alta que la de aquellos que no lo hacen.[1] Sé que hay personas que pondrían en entredicho estas estadísticas hoy. Allá ellos. En realidad, no quiero o necesito pelear esa batalla.

Mi punto es simple. Solo hay un plan infalible que funciona a largo plazo para las relaciones entre un hombre y una mujer. Este incluye un matrimonio donde cada día la pareja pone a Dios primero y a su cónyuge de segundo. A lo largo de los siglos, el matrimonio ha recibido una gran cantidad de golpes, pero todavía permanece. Dios creó el matrimonio. Dios tiene un plan para el matrimonio. El plan de Dios funciona mejor.

Permítame darle una premisa. Tome a una pareja que se casa y hace las cosas a su manera. Nada del trato de poner a Dios primero y a su cónyuge de segundo. Solo el matrimonio según sus propios términos. Tal vez hayan tenido como modelo el matrimonio de sus padres, un programa de televisión o una película. No importa. Lo que veo suceder con el tiempo es que otra cosa se vuelve más importante para uno o ambos de ellos que el otro cónyuge o su matrimonio. En otras palabras, ellos se convierten en lo primero y ponen a algo más en segundo lugar. Cuando eso sucede y la situación continúa igual, el matrimonio se desmorona. Es posible que no se divorcien, pero el matrimonio pierde su valor.

Hay un montón de cosas tristes que pueden acompañar a un matrimonio como ese, sin embargo, ¿sabes lo que creo que es más triste? Pienso que lo más triste es que nunca van a experimentar lo que Justin y Heather han experimentado. Ellos nunca van a luchar a través de las dificultades y salir juntos del otro lado. Nunca sabrán qué beneficios provienen de luchar por su matrimonio. Nunca conocerán las alegrías de celebrar los veinticinco años de matrimonio todavía unidos tan fuertemente como si fueran uno.

Creo que muchas personas no entienden por qué Nancy y yo tenemos hoy en día un matrimonio como el nuestro. Hubo muchas veces en que pudimos habernos rendido. Pudimos haber renunciado y nunca mirar atrás. Antes de tener hijos, podríamos habernos divorciado y nunca vernos el uno al otro de nuevo. Después de los niños, podríamos habernos divorciado y solo tolerarnos mutuamente hasta que los niños crecieran, y luego solo encontrarnos en ciertos acontecimientos de la vida. No obstante, si hubiéramos elegido cualquiera de esos caminos, nunca habríamos sabido lo que nos íbamos a perder.

Por supuesto, hoy en día tenemos cicatrices de la batalla, pero cada una representa una victoria.

Dios nos enseñó que al honrar el compromiso que hicimos juntos ante Él, no solo estaría con nosotros a través de todo lo que enfrentamos, sino también nos bendeciría ricamente. Lo sé. Eso suena como un léxico de iglesia.

Permítame decirlo de esta manera. Cuando tuvimos problemas, Dios estuvo presente. Él siempre lo hace, y lo hará para usted también. No puedo explicarlo de ninguna otra forma. Obtuvimos respuestas que precisaron venir de él. Cuando oramos y buscamos su ayuda, Él siempre estuvo ahí. Esto no siempre sucedió de la forma en que pensábamos, pero siempre fue bueno para nosotros y nuestro matrimonio, la parte de las bendiciones. Nancy y yo estamos más enamorados que nunca. Dios nos enseña que el amor es un verbo, una palabra de acción. Él nos enseñó cómo "amarnos el uno al otro". Nos enseñó a ser generosos y a compartir lo que tenemos con los demás. Nos ayudó a criar a nuestros hijos. Nos enseñó cómo vivir con poco y con mucho. Nos enseñó la importancia de luchar por nuestro matrimonio.

Cada pareja con la que he hablado alguna vez que ha permanecido casada por un número significativo de años, disfrutando de un matrimonio a la manera de Dios, afirma lo mismo. Ellos no cambiarían las cicatrices por nada. Ellos valoran el matrimonio que tienen hoy porque lucharon por su relación. Ya sea que se acaben de casar o que hayan estado casado desde hace algún tiempo, comiencen hoy a luchar juntos por su matrimonio y a ver lo que Dios hará.

Peter y Carolyn tenían seis hijos. Ellos habían estado casados durante once años cuando los conocí. Los niños iban desde los diez años de edad hasta los seis meses. Peter y Carolyn básicamente se odiaban el uno al otro. Fue un poco difícil para mí comprenderlos, ya que me dijeron que se habían odiado desde hacía años. Pensé que habían acordado una tregua seis veces en su matrimonio o que les gustaba tener relaciones sexuales más de lo que les gustaba odiarse mutuamente. Esa fue una de esas preguntas que nunca tuve la oportunidad de hacerles.

Ellos estaban en guerra entre sí. Cada uno tenía su arsenal de municiones para lanzarle al otro. Cada uno pensaba que sus ideas estaban bien y las del otro absolutamente equivocadas. Cada uno estaba siempre a la defensiva y criticaba todo lo que el otro decía. Se encontraban en medio de un gran desastre y no estaba seguro de por qué se hallaban en mi oficina. Así que se los pregunté. Debería haber adivinado la respuesta.

Peter quería que le dijera a Carolyn que cambiara, y Carolyn quería que le dijera lo mismo a Peter. Les di una alternativa. ¿Por qué no considerábamos lo que se necesitaría de los dos para hacer que su matrimonio mejorara? Ambos estuvieron de acuerdo, pero sabían que iban a continuar presionándose para cumplir sus propias agendas.

Mientras hablábamos, hice otra pregunta: "¿Por qué desean que su matrimonio sea mejor?". Ambos acordaron que querían que mejorara por sus hijos. Yo podía trabajar a partir de eso. Veo las consecuencias del divorcio todo el tiempo. Este puede ser devastador para los niños. Sabía que según el panorama general necesitaban permanecer en el matrimonio el uno por el otro, pero podría comenzar empleando a los niños como motivación. Si una pareja mantiene su matrimonio solo por el bien de los niños, eso es algo honorable, pero tiene un gran error intrínseco. Un día, los niños crecen y se van. Entonces solo quedan dos extraños que nunca se conectaron y no tienen ningún propósito para su matrimonio. Así que los niños han crecido y los padres se divorcian y no hay nadie por quien volver a casa.

Mi objetivo con Peter y Carolyn era utilizar la motivación de tener un mejor matrimonio para los hijos a fin de ayudarlos a construir una relación que fuera a prueba de niños. El proceso resultó lento, pero poco a poco Peter y Carolyn fueron capaces de tomar toda esa energía que utilizaban para combatir entre sí y emplearla juntos en la lucha por su matrimonio. Hoy sus hijos todavía están en casa, pero ya mucho más cerca de la edad adulta que cuando empezamos a hablar. El matrimonio no es perfecto, pero creo que ellos no solo permanecerán juntos, sino también tendrán una relación que prospera, porque Peter y Carolyn lucharon por su matrimonio y ganaron.

> ## *Piense en esta pregunta:*
>
> ¿Cuáles son sus razones para luchar por su matrimonio? Hay solo unas pocas que puedo considerar como valiosas desde el punto de vista de un consejero. Sin embargo, probablemente hay tantas razones como parejas. La conclusión es la siguiente: luche por su matrimonio, porque no hay nada mejor en la creación de Dios que un matrimonio con Él en el centro. Ese era su plan desde el principio. No se conforme con nada menos. Luchen juntos por su matrimonio.

La lucha conjunta para ser libres de deudas

Al pensar en su propio matrimonio, ¿por qué en realidad están luchando de algún modo? Puede haber muchas razones, pero los estudios constantemente resaltan una por encima del resto.

Considere lo siguiente: ya sabemos que la administración del dinero es uno de los principales problemas que causan división en las parejas hoy. Los problemas que la mayoría de nosotros tenemos con el dinero tienen que ver con la forma en que lo manejamos. He conocido a parejas con un ingreso fijo mínimo que triunfan y no tienen ninguna deuda. Algunas incluso ahorran un poco. He visto a parejas que ganan un montón de dinero cuya deuda es casi insuperable. Las deudas son parte de nuestra cultura y también destruyen los matrimonios. Las deudas causan estrés y muchas parejas entran en un estado de ataque cuando están estresadas, y por lo general terminan atacándose entre sí. Esto no está bien.

Carl y Alice se casaron la segunda semana de junio después de que ambos se graduaron de la universidad en mayo. Ambos tenían nuevos puestos de trabajo y ambos tenían futuros prometedores. Ellos debatieron los pros y los contras de la compra de una casa durante meses, pero un regalo de boda de los abuelos de Alice cubrió el pago inicial de la vivienda que ambos querían. Después de una semana de luna de miel, comenzaron a establecerse en su nuevo hogar. Era una casa muy bonita y solo necesitaba un poco de pintura para estar lista. Carl y Alice recibieron una cantidad impresionante de regalos el día de su boda, los cuales desempaquetaron y colocaron en su nueva casa. Ellos amaban su hogar y su tiempo juntos en el mismo.

La vida era buena hasta que fueron invitados a cenar una noche a la casa de una pareja. En el exterior la vivienda era similar a la de ellos, pero en el interior era como comparar la noche con el día. Los muebles, la televisión, el sistema de música y la parrilla de sus amigos eran fabulosos, y ellos estaban cautivados. Esa noche Carl y Alice no hablaron mucho mientras regresaban a casa y se preparaban para acostarse, pero cada uno estaba pensando: "¿Cómo podemos conseguir algunas de esas cosas?".

Como sucede a menudo, las compañías de tarjetas de crédito encuentran a los nuevos graduados universitarios y les ofrecen líneas de crédito. Ellos hacen que esto suene como lo que hay que hacer, y logran que todo parezca muy fácil. En ese hogar había no uno, sino dos graduados de la universidad, y el número de ofertas de tarjetas de crédito simplemente se duplicó. ¿A quién le importaba si Alice conservaba su apellido de soltera? Juntos tenían ahora más de veinticinco mil dólares en crédito.

Problema resuelto. Las compras fueron divertidas. Un nuevo

sofá y butacas para la sala de estar, más unos pocos accesorios. Carl consiguió el televisor que quería. Tenía una pantalla enorme y todas las últimas características y accesorios, incluyendo un sistema de sonido impresionante. Inevitablemente, como usted sabe, cuando uno remodela una habitación solo hace que las demás se vean peor, así que ellos pasaron de una habitación a otra hasta que todo fue rediseñado. Aún les quedaba algo de crédito. El crédito no utilizado. ¿Puede imaginar eso?

Ya sabe a dónde va a parar esta historia. Tal vez le haya sucedido o conoce a alguien que le sucedió. Carl y Alice se habían excedido en gran manera. Apenas podían hacer los pagos mínimos de la tarjeta de crédito junto con sus otras cuentas. Luego llegó la coronación del éxito. Otra pareja de amigos los invitó a ir en un crucero por el Caribe. La última tarjeta tenía justo el crédito disponible para cubrir el viaje, así que se fueron. Resultó ser un gran viaje, y volvieron a casa a llevar una vida de pobreza.

¿Usted sabe cuál es el problema con las cosas nuevas? Se convierten en cosas viejas. El último televisor pasa de moda, a veces en meses. Para Carl y Alice, la novedad estaba pasando rápidamente y ellos se encontraban atrapados en casa. No había dinero extra para ninguna cosa. Mientras revisaban juntos las cuentas de sus tarjetas de crédito, no encontraron una solución. ¡Si ellos seguían haciendo solo los pagos mínimos, no podrían saldar la deuda mientras vivieran! Entonces dieron el siguiente paso lógico para muchas personas. Comenzaron a culparse el uno al otro. Bienvenidos al mundo de la deuda.

La deuda, especialmente aquella que usted no tiene manera de pagar, es una asesina del matrimonio. No tenga ninguna duda al respecto. La deuda conseguirá que usted viva luchando. Por desgracia, la lucha será *en contra* de su cónyuge, no una lucha conjunta *por* su matrimonio.

He aquí una idea novedosa en cuanto a lidiar con la deuda. No la contraiga. Luchar contra la tentación de incurrir en deudas es el paso uno. No caiga en esa trampa. No importa cuánto mejor usted piense que va a ser su vida como resultado de comprar algo si tiene que endeudarse para tenerlo. Podemos racionalizar casi cualquier cosa, y si necesitamos ayuda, hay un montón de vendedores que nos pueden ayudar. Usted puede ser más débil que su cónyuge en esta área, o viceversa. Permanezcan juntos. No vaya por su cuenta y compre algo. Luchen como un equipo. Si ambos son débiles, tendrán una mayor batalla, pero luchen juntos. ¿Sabe lo que sería genial? ¿Qué tal si ambos fueran juntos y chequearan el precio de ese nuevo sofá, la nueva televisión o lo que sea, y entonces comenzaran a ahorrar para comprarlo? (Sé que esto es revolucionario y me gustaría que fuera mi idea, pero no lo es. He leído que hace mucho tiempo atrás la gente tenía que pagar en efectivo por todo lo que compraba. ¡Vaya idea interesante!) Una vez que hayan ahorrado el dinero, vayan juntos y compren lo que querían. ¿Adivina lo que sucede luego? Nada. No hay facturas por correo. No hay estrés. No hay peleas con respecto a la deuda.

Si usted y su cónyuge no tienen deudas, luchen juntos para permanecer libres de ellas. Si tienen deudas, dejen de pelear entre sí y obtengan ayuda y un plan, luego luchen juntos contra las deudas hasta que hayan desaparecido por completo, y a continuación, sigan luchando juntos para no incurrir en ellas de nuevo.

Cuando la lucha se vuelve difícil

Usted y su cónyuge tendrán muchas, muchas oportunidades en su matrimonio de romper los compromisos que se han hecho. Se encontrarán en un punto en el que pueden poner en peligro su relación, y cuando esto ocurra tienen una elección. Opten por luchar por su matrimonio sin importar el costo.

Bruce y Judith enfrentaron esta situación. Bruce había trabajado para la misma empresa durante cinco años y finalmente se le dio la oportunidad de avanzar. Con el avance vino un buen aumento de sueldo, un diferente enfoque de trabajo y algunos viajes. Bruce y Judith se sentían emocionados y agradecidos por la oportunidad. El horario de Bruce cambió un poco, y ahora había algunas cenas de trabajo a las que debía asistir. Durante los primeros meses, el jefe de Bruce lo acompañó en estas cenas. El principal enfoque de las mismas eran los negocios, pero se consumían algunas copas y toda la conversación no se centraba solo en el trabajo. Bruce estaba aprendiendo los pormenores y le gustaba el proceso. En cierta ocasión se organizó una cena para Bruce, su jefe y su nuevo cliente, que era una mujer soltera de la edad de Bruce. Él salió de la oficina un poco antes a fin de pasar por la casa y cambiarse de ropa. Mientras se dirigía hacia el restaurante, su jefe lo llamó. Su vuelo se había retrasado y no estaría presente en la cena. Le dijo a Bruce que confiaba en él y que sabía que iba a hacer un gran trabajo. Bruce detuvo su coche a un lado de la carretera. No estaba preocupado por el trato con el cliente. Estaba preocupado por Judith.

Uno de los compromisos que hicieron el uno con el otro implicaba no almorzar o cenar con una persona del sexo opuesto. Esto parecería un poco tonto en la cultura actual, pero ambos coincidieron en que era importante. Las comidas entre dos personas de diferentes sexos pueden ser íntimas. Añádales un par de copas y la intimidad podría aumentar.

Bruce tomó una decisión sobre la marcha. Hablaría con Judith acerca de eso más tarde.

Mala decisión. Sí, estaba en una situación sin salida, pero al mirar en retrospectiva, una llamada para decirle a su esposa sobre lo sucedido habría ayudado mucho. En su lugar, ella se molestó por la cena y se sintió engañada por su omisión.

Ahora se encontraban sentados en mi oficina para tratar con dos cuestiones: lo que había pasado y lo que podría suceder en el futuro. Bruce sabía que esto era solo el comienzo de las cenas y los posibles viajes con miembros del sexo opuesto. Antes de ser promovido, a menudo escuchó hablar a algunos de los chicos sobre lo que hicieron en sus viajes y acerca de algunas de las mujeres con las que se reunieron para cenar. Se había mantenido a distancia, pero ahora estaba en el mismo barco con los otros chicos.

Les dije que probablemente había algunas opciones para ellos, pero tenían que luchar juntos. Esto no podría dividirlos. Los dos estuvieron de acuerdo, y luego Judith dijo algo que me sorprendió. Se volvió a Bruce y le dijo: "Confío en ti. Esto no va a interponerse entre nosotros. Puedes hacer lo que tienes que hacer en tu trabajo".

Los ojos de Bruce se llenaron de lágrimas. La sesión terminó y acordamos una cita para reunirnos a la semana siguiente. Ellos regresaron con un plan y querían saber mi opinión. Bruce había tomado la decisión de que él no podía ni quería violar el compromiso que hizo con Judith. Eso significaba que no habría cenas ni viajes con mujeres solas. Si le costaba el trabajo, estaba de acuerdo con eso. Tenía una reunión a las nueve de la mañana siguiente para hablar con su jefe. Oramos juntos, pidiéndole a Dios que le diera a Bruce las palabras perfectas para decir y que su jefe realmente escuchara lo que le estaba diciendo.

Al día siguiente, alrededor del mediodía, Bruce me llamó. Me di cuenta por el tono de su voz que las cosas estaban bien. Solo no conocía los detalles. Bruce me explicó que su jefe lo escuchó, analizó lo que dijo y luego le hizo algunas preguntas. Él quería saber cómo se ocuparía de las cenas, y Bruce le dijo que solo invitaría a otro colega para que lo acompañara. A él le gustaría manejar los viajes de la misma manera. Bruce me contó que su jefe permaneció en silencio por lo que le pareció mucho tiempo y luego lo miró a los ojos y le dijo: "Está bien. Vamos a intentarlo a tu manera".

Sé que tal vez todos los jefe no reaccionarían de la forma en que el de Bruce lo hizo, pero ese no es el punto. El punto es que Bruce y Judith lucharon por su matrimonio. Ellos escogieron no ceder. Fueron en contra de la cultura. Debido a que el jefe dijo que sí, tuvimos un final feliz, pero incluso si decía que no, todavía hubiéramos tenido un final feliz.

¿Se enfrenta a algo que podría perjudicar a su matrimonio? ¿Es algo que se relaciona con su puesto de trabajo o con los amigos que anda? ¿Está diciéndole el mundo que algo está bien, mientras que su corazón le está gritando que no? He aquí lo que me gustaría que usted dedujera de esta historia. Nunca permita que algo cause que ponga en peligro su matrimonio. Nunca le oculte nada a su cónyuge. Coloquen todo sobre la mesa, discútanlo juntos y lleguen a un plan, y permanezcan unidos en lo que respecta a implementarlo. En este proceso, a diferencia de Bruce, es posible que pierda su trabajo, pero nunca va a perder su matrimonio.

El enemigo número uno real

En este punto, tengo que hablarle de algo que he estado temiendo mencionarle desde la primera página del libro. Se trata del mayor causante de los problemas que veo interponerse entre un esposo y una esposa, y soy culpable por completo de ello. Honestamente, es probable que sea el problema número uno que la mayoría de nosotros enfrentamos hoy. Sin duda, lo es para mí.

Esta es la verdad: soy una persona egoísta. Una y otra vez en todos nuestros años de matrimonio he luchado para no dejar que mi egoísmo se interponga entre Nancy y yo. Esto comenzó a principios de nuestro matrimonio, cuando quise salirme con la mía a expensas de Nancy y no asistir a la boda de su amigo en Fort Worth, y ha continuado siendo algo con lo que lucho casi todos los días. Cuando soy egoísta, solo me preocupo por una cosa, y es por mí. "Yo" puedo asumir el control tanto de la posición uno como de la posición dos en mi vida. En lugar de ser Dios el primero, estoy en el primer lugar. En lugar de ser Nancy la segunda, me pongo por delante de ella.

Es aquí cuando los combates en el matrimonio se vuelven personales, ya que para luchar por su matrimonio usted tiene que luchar contra sí mismo.

Sé por experiencia que mi vida funciona mejor cuando Dios la dirige. Él siempre busca mi mejor interés. Su plan es mucho mejor que el mío. Él me ama como nadie más lo hace. Sé todo eso, pero hay momentos en los que tomo la decisión de hacer las cosas a mi manera. Pienso que sé lo que es mejor para mí y que tengo el plan para hacer que eso suceda, y que nadie cuidará de mi persona como yo. ¿Cómo voy de poner a Dios en primer lugar a colocarme yo primero?

Desde un punto de vista espiritual, esta es mi naturaleza pecadora. Aunque he sido cristiano por un número de años, hay ocasiones en las que no dejo que Dios ocupe el asiento del conductor en mi vida.

Quiero hacer las cosas a mi manera. Un factor que contribuye es el hecho de que mi manera parece funcionar por un tiempo. A menudo no hay un dolor inmediato. Las consecuencias llegarán, pero están en el futuro. Hoy no siento ningún dolor. Con el tiempo las cosas fracasan, y me hago la misma pregunta una y otra vez. ¿Por qué pensé que hacer las cosas a mi manera podría funcionar? ¿Por qué pensé que mi forma de actuar sería mejor que la de Dios? ¿Por qué no puedo simplemente confiar en Dios y seguir su dirección? En realidad, soy mejor de lo que solía ser. He aprendido de mis experiencias.

Dejar mi vida en las manos de Dios no solo es lo correcto, sino también lo más inteligente que puedo hacer. Sin embargo, de vez en cuando surge la duda en el fondo de mi mente y empiezo a preguntarme si mi plan podría ser solo un poco mejor que el de Dios. Entonces es el momento de eliminar esa duda en sus comienzos antes de que tenga la oportunidad de crecer. La verdad es que no importa lo brillante que creo que resulta mi plan o qué tan fuerte es la tentación a alejarme del camino de Dios para mi vida, nada se compara con ponerlo a Él primero día tras día.

Es posible que esto no sea revolucionario para usted, pero he descubierto que cuando pongo a Dios primero y lo mantengo en el primer lugar, es mucho más fácil poner a Nancy en el segundo. Si estuviera siguiendo su plan para mi vida, ¿a quién querría Él que pusiera en la posición número dos? La Biblia nos dice que busquemos a Dios primero y todo lo demás será añadido (Mateo 6:33). No creo que esto sea solo un principio para vivir. Creo que constituye una promesa de Dios. Búsquelo con todo lo que tiene. Persígalo sin descanso, y luego verá cómo todo lo demás cae en su lugar.

El egoísmo asoma su cabeza en nuestro matrimonio cuando estoy fuera de equilibrio en lo que respecta a Dios. Se trata de esos momentos en los que pienso en mis necesidades, anhelos y deseos primero. En realidad, pienso en ellos en primer lugar, segundo, tercero, y así sucesivamente. Nancy me pide que la ayude con un proyecto. Yo estoy mirando la televisión. No importa lo que veo o si me interesa o no. La cuestión es que ella está entrando en mi mundo e interrumpiéndome, y mi respuesta es "No".

Vamos a cenar y yo conduzco al restaurante de mi elección sin pedirle su opinión, la cual no quiero escuchar de todas formas.

Nos dirigimos a un juego y en el camino pasamos por una de sus tiendas favoritas. Ella quiere detenerse unos minutos, pero yo digo que no porque puedo perderme el tiempo de calentamiento del equipo. Estoy en la última parte del libro que he estado leyendo mientras ella entra en la habitación. Se sienta y me dice que le gustaría pasar algún tiempo conmigo. En un primer momento la ignoro, y cuando eso no funciona, digo: "Después que termine el libro". Si me intereso por mí mismo, todos esos escenarios pueden hacerse realidad, pero si mi interés es Dios, las cosas tienen lugar de manera diferente. Yo la ayudaría con el proyecto, le preguntaría a dónde le gustaría ir a cenar, me detendría en su tienda favorita y dejaría el libro a un lado.

Cada día tengo que hacer elecciones como estas. Yo me beneficio con una alternativa y la otra nos beneficia a ambos. Si estoy viviendo a la manera de Dios, el "ambos" siempre gana y el "yo" siempre pierde.

Entonces, ¿cómo necesitamos luchar contra el egoísmo? Luchamos contra este justo como enfrentamos todo lo demás. Luchamos juntos, y creo que esta es nuestra mayor batalla. Tenemos que luchar juntos para mantener a Dios primero cuando casi todo lo que encontramos cada día nos dice que nos dirijamos en una dirección diferente.

Es por eso que resulta tan importante para una pareja asistir a la iglesia juntos, leer juntos la Biblia y orar juntos. Es así que luchamos contra el egoísmo. Nunca le damos un punto de apoyo. Nunca avanzamos en esa dirección. En cambio, colocamos a Dios firmemente en el centro de nuestra vida y nuestro matrimonio. Eso nos transforma. Eso derriba los muros y construye un cimiento inamovible. Eso es lo que significa luchar juntos por su matrimonio.

Su turno

Imagine un cuadrilátero de boxeo. Es elevado y no muy grande. Se encuentra rodeado de cuerdas unidas entre sí en las cuatro esquinas. Sentada alrededor del cuadrilátero está la multitud. La gente grita y anima y dice cosas no imprimibles. En el centro del cuadrilátero hay solamente dos personas, los boxeadores. No hay árbitro. Sobre el cuadrilátero se encuentra una lista de las reglas para los boxeadores. Las reglas hablan acerca de pelear justo y de lo que se puede y no se puede hacer, pero no hay nadie allí para hacerlas cumplir. No hay nadie para proteger a un boxeador del otro o para prevenir que un boxeador rompa las reglas. Acérquese al cuadrilátero para que pueda obtener un primer plano de los boxeadores. Ahora podrá ver algo extraño. Un boxeador es un hombre y el otro es una mujer. Ellos se enfrentan, cada uno mirando al otro. Alguien en alguna parte suena una campana y comienza la lucha. Si a usted le gustaran las apuestas, apostaría por el hombre. Él es más grande y parece ser mucho más fuerte que la mujer, pero a medida que la lucha avanza, ella afirma bien sus pies y lanza algunos golpes poderosos. En un combate de boxeo regular existen rondas. Los boxeadores luchan durante unos minutos y luego la campana suena de nuevo, entonces tienen más o menos un minuto para separarse y descansar. Luego pelean otra ronda y repiten el proceso hasta que alguien gana.

Esta lucha es diferente. No hay rondas y la campana tampoco suena de nuevo. Esta es una pelea de una sola ronda hasta que se termina. Los boxeadores siguen intercambiando golpes. Algunos son justos y otros no lo son, pero no hay nadie para arbitrar la lucha. A medida que continúa, ambos boxeadores son un desastre. Están cansados, golpeados y agotados de pelear.

Finalmente el combate termina. Es difícil decir si hay un ganador mientras ambos boxeadores se dan la vuelta. Alguien le dice que los contrincantes están casados, o lo estaban. Cuando usted se fija en el cuadrilátero, observa algo tirado en el piso. Es una hoja de papel. Se sube al cuadrilátero y levanta el papel. Ahora todo tiene sentido. Ahora ya sabe de qué acaba de ser testigo. Ese combate de boxeo era el matrimonio de ambas personas, y la pieza de papel es su sentencia de divorcio. El esposo boxeador no ganó y tampoco lo hizo la esposa boxeadora. El ganador es el pedazo de papel que tiene en sus manos. El público se va en silencio luego de haber acabado de presenciar una muerte.

Sin embargo, ¿qué tal si no tuviera que ser de esta manera? Considere la misma imagen. El mismo cuadrilátero de boxeo, la misma multitud, los mismos boxeadores marido y mujer. Ellos permanecen en el medio del cuadrilátero uno frente al otro. Alguien suena una campana. Entonces sucede algo extraño mientras los boxeadores marido y mujer giran, se paran uno junto al otro, y unen sus manos y caminan alrededor del cuadrilátero confrontando a cualquiera que los desafía.

A medida que avanzan alrededor del cuadrilátero, usted observa que se les ha unido alguien. Esta persona no está ahí para luchar contra ellos; Él está ahí para luchar con ellos, a su lado. Los retadores suben al cuadrilátero, pero no son rivales para los tres. Uno por uno los que los desafían son derrotados. Los boxeadores esposo y esposa parecen estar obteniendo fuerza. Las peleas no los agotan. Están llenos de energía y rejuvenecidos. Ya es hora de que usted se marche, pero se va sabiendo que los boxeadores y su amigo van a estar bien. No habrá ninguna sentencia de divorcio aquí. La lucha puede continuar, pero los boxeadores están muy bien, y usted tiene la certeza de que continuarán derrotando a cada retador que enfrentan.

Ahora ponga esos dos cuadriláteros de boxeo uno al lado del otro. Ambos están ahora vacíos. Tome a su esposa de la mano y aproxímese a los cuadriláteros. ¿A cuál van a entrar? Es su elección. Entren al primer cuadrilátero y luchen el uno contra el otro hasta que su matrimonio muera, o entren al segundo cuadrilátero y luchen juntos al lado de Dios por el resto de sus vidas. No sé qué hará usted, pero yo elijo el cuadrilátero dos. Voy a permanecer con Nancy y Dios y a luchar junto a ellos por mi matrimonio. Eso es luchar la buena pelea. Esto es un matrimonio que gana.

UNAS PALABRAS FINALES

Imagine a una nueva pareja el día de su boda. Están llenos de esperanza, anticipación y emoción con respecto a todos los días por venir. Los recién casados no piensan para sí mismos: *Espero que en unos pocos años terminemos en un total desastre*. O bien: *No puedo esperar para ver que nuestro amor se marchite y todo se desmorone*. Como consejero, puedo prometerle algo: nadie se casa pensando en el divorcio. Nadie espera que esto le suceda a él o ella. El divorcio es para "otra gente", no para ellos.

Lo sé porque yo también pensaba así. Por lo que sabía, nunca había ocurrido un divorcio en ninguna de las ramas de mi familia desde tan lejos como pude rastrear. Así que di mi matrimonio por garantizado, junto con la idea de que tomaría su lugar en la larga fila de matrimonios exitosos.

Entonces la realidad golpeó, y golpeó con fuerza. Personas que no eran "otra gente" se divorciaban, y sentí temor de que yo fuera a ser uno de ellos. Eso me asustó mucho. No solo era ser el primero en mi familia en ir a la corte de divorcio lo que me daba miedo, aunque eso constituía un factor. También era la idea de vivir el resto de mi vida sin la persona con la que me comprometí a vivir para siempre.

Eso resultaba espantoso. Yo sabía que tenía que haber una manera no solo de salvar mi matrimonio, sino también de construir algo que fuera especial para nosotros dos. En un momento de mi vida en que necesitaba un milagro, me volví al Obrador de Milagros.

Creo en un Dios que creó el matrimonio y tiene un plan perfecto para cada matrimonio. Y eso lo incluye a usted. Todos los días no serán excelentes, pero Dios tomará el bien y el mal y hará algo hermoso a partir de ellos. El matrimonio es perseverante. Este implica permanecer en el camino del matrimonio con sus ojos enfocados en Él. Todas las cosas con que usted se encuentra cada día lo llevan a una salida o lo conducen más cerca de Él. Manténgase en el camino.

Me gustaría poder decirle que el camino en algún momento se suaviza, y en ocasiones es así, pero si vivimos solo avanzando por el camino fácil, nos perderemos muchas cosas. La mayor parte de lo que Dios nos ha enseñado a Nancy y a mí no ha llegado en las carreteras sin obstáculos. Los tiempos que hemos estado más cerca el uno del otro y de Él por lo general han tenido lugar cuando viajábamos por los terrenos más escabrosos.

Mientras atravesaba estos tiempos, hubiera dado casi cualquier cosa para que terminaran. Sin embargo, al mirar hacia atrás a ellos ahora, veo su valor para nuestro matrimonio y no cambiaría nada. Resulta curioso cómo los tiempos difíciles que odiamos pueden convertirse en los tiempos pasados que apreciamos. Si me preguntan cuál es la única cosa que he aprendido del matrimonio, sería que cualquiera que sea el problema, siempre hay una respuesta.

Algunos están leyendo este libro desde el lado sur del divorcio. Usted puede estar pensando que lo arruinó todo y que Dios nunca le dará otra oportunidad en el matrimonio. Consuélese sabiendo que todos hemos echado a perder las cosas. Por supuesto, la Biblia dice que Dios aborrece el divorcio. Y lo aborrece por todas las mismas razones que trae dolor a los que afecta. Sin embargo, la Biblia nunca dice que Dios odia a los divorciados. Nuestro Dios es un Dios de perdón y nuevos comienzos.

Cuando Dios le dé ese nuevo comienzo, esté listo. Prepárese bien y aprenda de su pasado. Esté decidido a romper los ciclos malos y a edificar su matrimonio a la manera de Dios. Si lo hace, su próximo matrimonio será asombrosamente increíble.

Ahora usted conoce los siete secretos y ellos no serán secretos nunca más. Es hora de hacer un cambio de "secretos" a "pasos". Si todo lo que hace es leer este libro y luego ponerlo a un lado y alejarse, nada cambiará. Tendrá una cabeza llena de ideas que poco a poco serán sustituidas por otras cosas, y en algún momento en el futuro se dará cuenta de que nada en su matrimonio ha cambiado e incluso puede haber empeorado. Por otro lado, usted y su cónyuge pueden hacer juntos un plan para caminar de la mano a través de estos siete pasos. He aquí algunas ideas que lo ayudarán a empezar.

Paso uno — DETENCIÓN

Juntos, identifiquen los ciclos en los que se encuentran como pareja que no son sanos y necesitan ser rotos. Pueden provenir de su familia de origen, su cultura o su vida juntos. Una vez que los hayan identificado, decidan lo que tienen que hacer para DETENERLOS. Ambos jugarán un papel en este proceso, sin importar dónde se inició el ciclo. Ustedes pueden decidir buscar la participación de un consejero cristiano o pastor para recibir orientación y rendir cuentas. Recuerde, si no consiguen tener el paso uno bajo control, esto limitará su progreso en todos los otros pasos.

Paso dos — COMIENZO

Busquen a Dios juntos. Lo mejor de este paso es que Dios está listo y esperando por ustedes. Él está muy emocionado de que lo inviten a ser parte de su matrimonio. Él tiene un plan para su matrimonio que es mucho más increíble de lo que usted pueda imaginar. Lean la Biblia juntos, oren juntos, sirvan juntos y adoren juntos. Pongan a Dios primero y manténganlo allí.

Paso tres — CONEXIÓN

No hay una forma rápida de pasar tiempo juntos. Considere los tres aspectos de la compasión, la autenticidad y la empatía. ¿Cómo podría calificarse a sí mismo en relación con su cónyuge en cada uno de estos aspectos? ¿Qué puede hacer para mejorar? Trabajen en lo que respecta a escuchar y utilicen DETENERSE-MIRAR-ESCUCHAR hasta que se convierta en una parte regular de su conversación juntos.

Paso cuatro — ENFRENTAMIENTO

Practiquen ser francos y honestos el uno con el otro. Resuelvan los problemas y déjenlos en el pasado. No juzgue a su cónyuge. Escojan sus batallas también. Comiencen a utilizar nuestro método de cinco pasos para resolver problemas. Acuerden juntos utilizar el "tiempo de espera" en su matrimonio... ¡y luego úsenlo! Usted puso a Dios primero en el paso dos. Asegúrese de que nada ocupa el segundo lugar excepto su cónyuge. Especialmente, observe dónde coloca los bienes materiales, la familia y los amigos, las expectativas y las adicciones. Recuerde ver a su cónyuge a través de los ojos de Dios, y nunca deje a un lado las esperanzas y sueños que Dios ha plantado en su matrimonio.

Paso cinco — EQUILIBRIO

¿Cuánto espacio ocupan el tiempo con Dios y el tiempo con su cónyuge en su gráfico circular? ¿Cómo calificaría la calidad del tiempo que pasa con Dios y con su cónyuge? ¿Es su cónyuge su mejor amigo? Si no es así, haga alguna cosa hoy para iniciar ese proceso. ¿Qué hacen como pareja para divertirse? ¿Cuándo fue la última vez que tuvieron diversión juntos? Si les está yendo bien en este aspecto, manténganse así. Si ese no es el caso, planifiquen juntos una salida divertida. Fórmense el hábito de revisar sus horarios juntos cada semana y asegúrense de que tengan un equilibrio. ¿Qué tradiciones tienen como pareja? ¿Es hora de comenzar una nueva? Por último, ¿están financieramente equilibrados? Si no es así, decidan dar un primer paso juntos y luego sigan adelante.

Sexto paso — FUSIÓN

¿Ve usted la relación sexual en el matrimonio como un regalo de Dios? Si no es así, ¿qué lo está impidiendo? No permita que nada se interponga en el camino de recibir este regalo. Discutan las diferentes necesidades de un esposo y una esposa que afectan a la relación sexual. ¿Cómo pueden satisfacer las necesidades mutuas juntos? Compartan entre sí lo que consideran romántico. ¡A continuación, sean románticos! No existe un método simplificado para tener una gran relación sexual. Se necesita tiempo, esfuerzo y sacrificio, pero los resultados son increíbles y desarrollarán una cercanía que no experimentarán de ninguna otra manera.

Paso siete — LUCHA

Ustedes permanecerán juntos y lucharán por su matrimonio, o se alejarán y lucharán el uno contra el otro. No olvide nunca que si luchan juntos su matrimonio siempre va a ganar. Esta es una elección simple. Hay dos alternativas o dos maneras de actuar. Una le infunde vida a su matrimonio, mientras que la otra le absorbe la vida. Si deciden luchar entre sí, es como tirar la toalla. Su matrimonio no va a sobrevivir. Si eligen luchar juntos, verán su matrimonio crecer cada día, cada semana y cada año.

Eso es todo. Ahora ya conoce todos los secretos. Solo hay una cosa que debe comprender: ellos no harán absolutamente nada por su matrimonio *a menos que los ponga a funcionar*. Y para que funcionen, usted tiene que convertir estos siete secretos en siete pasos, e invitar a su cónyuge a hacer lo mismo.

Continúen el proceso juntos y van a construir algo tan especial que nada podrá quebrantarlo. Tendrán el matrimonio que Dios tenía la intención que tuvieran. Tendrán una esperanza que no experimentaron nunca antes. Tendrán una intimidad en su nivel más profundo. Tendrán un matrimonio increíble.

AGRADECIMIENTOS

Gracias a todos los que han dado palabras de ánimo a lo largo del camino.

Estoy muy agradecido por esas personas que Dios puso en mi vida:

El fallecido Jim Morris, que me convenció para escribir.

Chris Hudson, que ha sido un gran editor, agente y amigo.

Mi equipo de Zondervan:
David Morris, que realmente creyó en este libro desde el principio.
Alicia Kasen y todo el equipo de mercadotecnia.
Todos mis editores, John Sloan, Stephanie Smith y Jim Ruark.
Las palabras no pueden realmente expresar lo mucho que han significado para mí.

Mi equipo de *Awesome Marriage* (Matrimonio increíble):
Tanner Herriot, que es un maestro en contar historias a través de vídeos.
Andy Knight, que hace que nuestro sitio web sea grandioso.
Nils Smith, que es mi gurú de los medios sociales.
¡Ustedes son los mejores!

¡A mis nietos, que nunca permiten que la puerta cerrada de mi oficina les impida entrar!

Y por encima de todo, a Nancy, que ha recorrido este camino conmigo. ¡Tú eres verdaderamente el amor de mi vida, mi mejor amiga y mi compañera!

NOTAS

Secreto número 2: COMIENZO

1. Dennis Rainey, "Prayer: The Secret to a Lasting Marriage" [El secreto para un matrimonio duradero], FamilyLife.com, 2001, http://www.christianity.com/christian-life/marriage-and-family /prayer-the-secret-to-a-lasting-marriage-11545181.html.
2. https://www.youversion.com.
3. National Stepfamily Resource Center, http://www.step families.info/stepfamily-fact-sheet.php, referencia en Maggie Scarf, "Why Second Marriages Are More Perilous" [Por qué los segundos matrimonies son más peligrosos], *Time*, 4 de octubre de 2013, http://ideas.time.com/2013/10/04/why-second-marriages -are-more-perilous/.

Secreto número 3: CONEXIÓN

1. Bella DePaulo, "What Married and Single People Do Differently" [Lo que las personas casadas y solteras hacen de manera diferente], Living Single, *Psychology Today*, 20 de marzo de 2014, http://www.psychologytoday.com/blog/living-single/201403 /what-married-and-single-people-do-differently.

Secreto número 4: ENFRENTAMIENTO

1. Páginas 107–111.

Secreto número 5: EQUILIBRIO

1. XO Group, "New Survey Reveals: Money Number One Cause Of Conflict For Engaged Couples, Newlyweds And New Parents" [Nueva encuesta revela: el dinero es la causa de conflicto número uno para las parejas comprometidas, los recién casados y los nuevos padres], PR Newswire (22 de agosto de 2012): http:// www.prnewswire.com/news-releases/new-survey-reveals-money -number-one-cause-of-conflict-for-engaged-couples-newlyweds-and -new-parents-167025135.html.

Secreto número 7: LUCHA

1. Susan Brown y Alan Booth, "Cohabitation Versus Marriage: A Comparison of Relationship Quality" [Cohabitación versus matrimonio: una comparación de la calidad de la relación], *Journal of Marriage and the Family* 58 (1996), p. 669.